Mgr ARTHUR S. BARNES, M. A.

des Universités d'Oxford et de Cambridge
Chamberlain d'honneur de S. S. Pie X

LE TOMBEAU DE S. PIERRE

A ROME

TRADUIT DE L'ANGLAIS PAR

LES PÈRES BÉNÉDICTINS DE FARNBOROUGH

ILLUSTRÉ DE 13 GRAVURES HORS TEXTE

S. Pierre et S. Paul.

484

SOCIÉTÉ SAINT-AUGUSTIN — DESCLÉE, DE BROUWER ET Cie

LILLE — PARIS — BRUGES — ROME

LE TOMBEAU DE S. PIERRE

Mgr **ARTHUR S. BARNES**, M. A.

des Universités d'Oxford et de Cambridge

Chamberlain d'honneur de S. S. Pie X

LE TOMBEAU DE S. PIERRE

A ROME

TRADUIT DE L'ANGLAIS PAR

LES PÈRES BÉNÉDICTINS DE FARNBOROUGH

ILLUSTRÉ DE 13 GRAVURES HORS TEXTE

S. Pierre et S. Paul.

SOCIÉTÉ SAINT-AUGUSTIN — DESCLÉE, DE BROUWER ET Cie

LILLE — PARIS — BRUGES — ROME

NIHIL OBSTAT.

GULIELMUS H. KENT, O.S.C.

Censor Deputatus.

☩

IMPRIMATUR.

HUBERTUS CARD. VAUGHAN,

Archiep. Westmon.

15th November, 1899.

IN TOTO ORBE CHRISTIANO
CELEBERRIMVS DICTVS
CONFESSIO S PETRI AD
QVAM POST CONSTANTI
NVM PRIMI ORBIS PRI
CIPES PRO LOCI RIVE
RENTIA SE PROSTR
VERE DEPOSITIS DIAD
MATIS

BRACHIVM VETERIS ECCL
SLE QVE REFEREBAT FOR
MAM CRVCIS

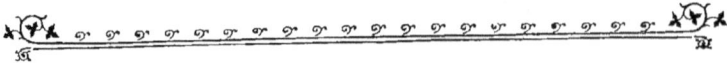

LE TOMBEAU DE SAINT PIERRE

—:|:—

CHAPITRE I

TRANSLATION DU CORPS DE SAINT PIERRE

Si ce livre avait été écrit il y a quelques années, il eût tout d'abord paru nécessaire de résoudre la question de la mort de S. Pierre à Rome. A l'heure actuelle on peut considérer ce point comme éclairci. Tous les savants s'accordent pour admettre que S. Pierre vint à Rome au moins la dernière année de sa vie et qu'il y conquit la palme du martyre. Nous n'avons donc nullement l'intention de rouvrir une discussion à ce sujet. Nous nous bornerons à faire l'histoire du tombeau destiné aux reliques du Prince des Apôtres et à marquer ses rapports avec la basilique qui le contient aujourd'hui.

Mais, avant d'aborder l'histoire de la sépulture du Saint, nous devons d'abord déblayer le terrain en cherchant la solution d'un des problèmes les plus ardus des origines du christianisme. Les documents parvenus jusqu'à nous qui ont quelques rapports avec l'histoire des reliques sont insuffisants et, par ailleurs, contradictoires. Mais il est un point qu'ils établissent clairement, c'est qu'il y a eu au moins une et peut-être deux translations des reliques avant que l'Église ait pu vivre en paix.

Pourquoi ces translations ont-elles eu lieu ? A quelles époques se sont-elles produites ? Ces deux questions ont été largement débattues et diverses solutions ont été proposées. Aucune de ces solutions ne nous paraît absolument indiscutable. Le meilleur moyen d'arriver à découvrir la vérité, c'est, à notre avis, d'examiner tous les documents ou témoignages qui traitent de ce sujet et de faire connaître les conclusions auxquelles ils aboutissent. Nous pourrons, peut-être, alors être à même de proposer nous-même une nouvelle solution qui répondra mieux aux besoins de notre cause que toutes les solutions précédemment offertes et nous pourrons nous considérer comme plus rapproché de la vérité que tous les auteurs que nous aurons cités.

Les documents qui traitent de ces matières sont nombreux et les plus anciens remontent au IVe ou Ve siècle. Nous les prendrons par ordre de dates :

I. *Les Actes de S. Pierre et S. Paul*, ouvrage apocryphe, qui nous est parvenu sous diverses formes et en diverses langues, en grec, en latin et en syriaque. Ce sont des fictions du V⁰ siècle et même postérieures à cette date, mais comme on a utilisé pour leur composition des documents antérieurs, il s'y trouve souvent bien des détails précieux surtout comme faits et renseignements topographiques. Mais ces *Actes* ne méritent aucune confiance en ce qui concerne les termes des discours attribués aux personnages mis en scène, aussi bien qu'en ce qui a trait à la plupart des faits merveilleux qui y sont rapportés, car, en général, ces faits sont simplement éclos dans l'imagination pieuse du compilateur qui voulait ainsi édifier ses lecteurs. La partie de ces *Actes* qui se rapporte plus directement à la question qui nous intéresse, est celle qui a pour titre : *La Passion des saints apôtres Pierre et Paul*. Après avoir raconté l'histoire du crucifiement de S. Pierre, l'auteur s'exprime ainsi :

« 63. Aussitôt parurent de pieux étrangers que personne n'avait jamais vus auparavant et ne devait revoir ensuite. Ils dirent que c'est pour lui qu'ils étaient venus de Jérusalem et, aidés de Marcellus, personnage illustre qui s'était converti à la Foi chrétienne et qui avait quitté Simon pour suivre Pierre, ils enlevèrent secrètement son corps et l'ensevelirent sous un térébinthe près de Naumachia, en un lieu appelé le Vatican.

» 64. Et ces hommes qui avaient dit qu'ils étaient venus de Jérusalem s'adressaient en ces termes à tout le peuple : « Réjouissez-vous, car vous aurez des amis et des protecteurs puissants auprès de Notre-Seigneur Jésus-Christ. Mais sachez que ce méchant roi Néron ne peut plus conserver son royaume après le meurtre des Apôtres. »

» 65. Et il arriva qu'après cela il encourut la haine de l'armée et du peuple romain, à tel point qu'il fut condamné à être flagellé jusqu'à ce que la mort s'ensuivît. Mais à cette nouvelle, il fut saisi d'une grande frayeur et prit la fuite pour ne plus reparaître. Et le bruit se répandit qu'il était mort de faim et de froid tandis qu'il errait en fugitif dans les bois, et que son cadavre avait été dévoré par les loups.

» 66. Mais tandis que les dépouilles des Apôtres étaient enlevées par les Grecs qui voulaient les emporter dans l'Est, il y eut un grand tremblement de terre, et le peuple romain accourut et les plaça dans un lieu appelé les Catacombes, près de la troisième borne de la Voie Appienne, et leurs corps y furent conservés pendant une année et sept mois, c'est-à-dire jusqu'au moment où furent construites (fabricarentur) les tombes où on les déposa. A ce moment ces précieux restes furent exhumés et transportés, au milieu du chant solennel des hymnes (cum gloria hymnorum), celui de S. Pierre dans le Vatican à Naumachia, et celui de S. Paul sur la Voie d'Ostie près de la deuxième borne, et ceux qui viennent y prier sont toujours exaucés. Amen [1]. »

II. *Les Calendriers de l'Église primitive.* Ce sont des documents authentiques, indiquant les fêtes célébrées annuellement dans l'Église à l'époque de leur rédaction. Le plus important est connu depuis plusieurs années sous le nom de *Feriale Philocalianum.* Il remonte aux environs de l'année 354. Nous y trouvons la mention suivante, à la date du 29 juin : —

« III° Kal. Julias.
Petri in Catacumbas et Pauli Ostense Tusco et Basso [2]. »

La date consulaire indique clairement l'année 258, mais l'interprétation est assez difficile à trouver. Le document a pour titre *Depositio Martyrum* et semble dire que les reliques de S. Pierre ont été déposées dans les Catacombes le 29 juin 258, en même temps que les reliques de S. Paul étaient déposées près de la Voie d'Ostie, mais cette interprétation est difficilement admissible, et ce document ne nous apprendrait pas grand'chose, s'il ne nous était expliqué jusqu'à un certain point par la découverte faite par M. de Rossi, dans un codex de Berne, d'un autre passage du *Martyrologe de S. Jérôme*, qui développe et explique ainsi le précédent : —

« III. Kal. Julias.
Romae via Aurelia S. S. Apostolorum Petri et Pauli. — Petri in Vaticano, Pauli vero in Via Ostensi, utrumque in Catacumbis, passi sub Nerone, Basso et Tusco consulibus [3]. »

Ici il est clair que « ayant souffert sous Néron » doit être pris comme une parenthèse, sinon il serait absurde de placer la date de leur martyre sous Néron en 258. Voici donc ce que signifierait ce passage : que le 29 juin on célébrait trois fêtes à Rome : une fête de S. Pierre au Vatican, une de S. Paul à la Voie d'Ostie, et une troisième, pour tous les deux dans les Catacombes. La date consulaire doit s'appliquer à la fête des Catacombes et doit seulement rappeler la translation des reliques faite en ce lieu cette année-là. Ainsi interprété, ce passage est parfaitement d'accord avec une des hymnes attribuées à S. Ambroise et composées pour la Fête des saints Apôtres : —

---

1. *Acta Petri*, ed. Lipsius, p. 173 seq.
2. Mommsen, *Ueber den Chronografen*, vol. 9, 354, p. 632.
3. *Martirolog. ex cod. Bernense descr.* Bruxelles, 1885.

TANTÆ PER URBIS AMBITUM
STIPATA TENDUNT AGMINA,
TRINIS CELEBRATUR VIIS
FESTUM SANCTORUM MARTYRUM.[1]

III. Nous avons ensuite, dans le *Liber Pontificalis*[2], sous le pape Corneille (251-2), la relation de l'enlèvement des reliques des Catacombes :

« Sous son règne (*temporibus suis*), sur la requête de la Matrone Lucine, il enleva (*levavit*) les corps des saints apôtres Pierre et Paul, pendant la nuit, des Catacombes. Sainte Lucine prit d'abord les restes de S. Paul et les déposa dans un terrain qui lui appartenait (*in praedio suo*) sur la Voie d'Ostie, près de l'endroit où il avait été décapité. Quant aux reliques de S. Pierre, c'est le saint évêque Corneille qui les prit et les ensevelit près de l'endroit où avait eu lieu le crucifiement, au milieu (*inter*) des restes des saints évêques, dans le temple d'Apollon au Vatican, dans le palais de Néron. »

On voit facilement qu'ici le point faible est dans la date, car, si les corps des Apôtres ont été mis dans les Catacombes seulement l'an 258, on conçoit difficilement qu'ils aient pu être enlevés en 252.

IV. Voici maintenant le poème écrit par le pape S. Damase, et placé dans les Catacombes à l'endroit que la tradition indique comme le lieu de sépulture des Apôtres. Ce poème peut être daté des environs de 375 ; il a une très grande valeur historique en tant qu'œuvre d'un homme aussi consciencieux et aussi érudit que S. Damase :

HIC HABITARE PRIUS SANCTOS COGNOSCERE DEBES
NOMINA QUISQUE PETRI PARITER PAULIQUE REQUIRIS
DISCIPULOS ORIENS MISIT QUOD SPONTE FATEMUR
SANGUINIS OB MERITUM CHRISTUM QUI PER ASTRA SECUTI
AETHERIOS PETIERE SINUS REGNAQUE PIORUM
ROMA SUOS POTIUS MERUIT DEFENDERE CIVES
HAEC DAMASUS VESTRAS REFERAT NOVA SIDERA LAUDES[3].

« Il faut que vous sachiez que c'est ici qu'ont vécu jadis des saints dont le nom était Pierre et Paul. Des disciples leur vinrent de l'Orient ; et c'est un fait que nous nous plaisons à reconnaître. Les Saints en versant leur sang pour la foi avaient suivi le Christ et

1. S. Ambros., *Opera Hymn. in fest. SS. Ap.*
2. Édité par Mgr Duchesne, pp. 64, 65.
3. De Rossi, *Inscr. chr.*, II, p. 32.

conquis le Royaume du ciel. Rome avait néanmoins le droit de les compter au nombre de ses citoyens. Puisse Damase vous honorer par ces récits, ô vous qui brillez comme des astres dans le ciel. »

V. Citons ici une lettre écrite par S. Grégoire le Grand à l'impératrice Constantina à Constantinople, aux environs de l'an 600. Une chapelle avait été construite dans le palais impérial et dédiée à S. Paul ; l'impératrice désirait l'enrichir au moyen de quelque précieuse relique du saint Apôtre. C'est dans ce but qu'elle écrivit à S. Grégoire et elle ne lui demanda rien de moins que la tête. S. Grégoire refusa et lui répondit qu'il lui était impossible de souscrire à une pareille demande qui était en opposition complète avec les usages du Siège apostolique ; et pour justifier son refus, il rappela à l'impératrice ce qui était arrivé jadis quand il s'était agi d'emporter de Rome dans l'Orient les reliques de l'Apôtre. — Voici comment il s'expliquait :

« Chacun sait qu'à l'époque du martyre *(eo tempore quo passi sunt)* des chrétiens vinrent de l'Orient pour réclamer les dépouilles des martyrs, leurs compatriotes, et, les ayant transportées jusqu'à la dernière borne de la cité, les placèrent à l'endroit appelé les *Catacombes*. C'est alors que, tandis qu'ils étaient tous réunis et s'apprêtaient à emporter les corps, un violent orage, accompagné d'éclairs et de tonnerre, les mit en fuite, les effrayant à tel point qu'ils n'osèrent plus ensuite renouveler leur tentative. Les Romains arrivèrent alors et, par une permission spéciale du ciel, s'emparèrent de ces restes précieux et les placèrent à l'endroit où ils se trouvent actuellement [1]. »

VI. Les pèlerins qui vinrent à Rome dans le VIIᵉ siècle et après cette date rapportent que parmi les édifices sacrés qu'ils visitèrent figure l'église de Saint-Sébastien sur la Voie Appienne, et que c'est là qu'on leur montra les tombes des apôtres Pierre et Paul. Ils s'accordent aussi pour dire que, d'après la tradition admise à ce moment-là, les corps étaient restés là pendant quarante ans. Nous transcrivons deux des plus anciens et des plus importants de ces témoignages : —

1° « Une fois parvenu par la Voie Appienne à Saint-Sébastien, église où repose dans un endroit souterrain le corps de ce martyr, on trouve les sépulcres des apôtres Pierre et Paul où leurs dépouilles demeurèrent quarante ans [2]. »

2° Près de la Voie Appienne est l'église de Saint-Sébastien, mar-

1. *Opp. S. Greg.*, II, ep. 30.
2. *Notitia Ecclesiarum Urbis Romae.*

tyr, où reposent ses cendres ; c'est là aussi que sont les tombeaux des Apôtres, où ils reposèrent pendant quarante années [1]. »

VII. Nous pouvons enfin invoquer la preuve archéologique fournie par les lieux eux-mêmes. C'est un point sur lequel nous nous étendrons davantage plus tard. Qu'il nous suffise, pour le moment, d'indiquer les résultats suivants obtenus à la suite des recherches les plus complètes et plus consciencieuses faites récemment. Il existe à cet endroit un vaste tombeau, qui date évidemment du Ier siècle. Près de là, mais à un niveau un peu supérieur, se trouve une autre excavation, au centre de laquelle s'ouvre une double tombe et autour des murs sont creusées douze *archisolia*, ou tombeaux abrités par des arches tout autour du mur d'enceinte. D'après l'opinion des meilleurs juges, les détails d'architecture qui décorent ces monuments ne peuvent appartenir à une période plus récente que les premières années du IIIe siècle. On a découvert aussi d'autres travaux d'architecture qui datent du Ve siècle, époque de l'érection de la basilique par S. Damase.

Voilà donc les matériaux qui sont à notre disposition et il faut bien reconnaître qu'il n'est pas aisé de les utiliser pour en tirer une histoire vraisemblable. Remarquons que, d'un côté, aucune autorité ancienne ne mentionne plus d'une translation des corps; par ailleurs, il est malaisé, sans torturer mal à propos quelques-uns de ces textes, d'admettre que tous commentent une seule translation, soit immédiatement après le martyre, soit au IIIe siècle. Il en est résulté ceci : les auteurs qui ont traité cette matière sont arrivés à des conclusions différentes suivant que tel ou tel autre texte leur a paru plus digne de confiance, à l'exclusion d'autres témoignages qu'il eût été difficile de faire concorder avec les premières.

Les écrivains qui ont étudié cette question, jusqu'à ces dernières années, peuvent se classer en trois catégories. La première suivant les traces du cardinal Baronius dans les *Annales Ecclesiastici*, s'appuyant sur les *Actes* apocryphes et s'inspirant du poème de S. Damase et de la lettre de S. Grégoire, a soutenu qu'il n'y avait eu qu'une seule translation des corps et qu'elle avait eu lieu immédiatement après le martyre. La seconde catégorie, dont le membre le plus marquant est le Bollandiste Papebroch, affirme que le récit contenu dans le *Liber Pontificalis* nous fournit la véritable date du retour des corps des Catacombes, c'est-à-dire 251 ou 252, soit les deux années du pontificat de Corneille. Ils ajoutent pourtant ceci, c'est que la translation ne peut pas avoir eu lieu avant l'an 200,

---

1. *De locis sanctis Martyrum quae sunt foris civitatis Romae.*

puisque le corps de S. Pierre a été conservé incontestablement au Vatican jusqu'à cette époque, étant donné que ses douze successeurs immédiats ont été ensevelis auprès de lui. Voici quel serait, d'après eux, le motif probable de cette translation. Les tombes qui existaient primitivement au Vatican auraient été détruites par Héliogabale, qui, au début du III⁰ siècle, comme nous le lisons dans Lampridius [1], désirant organiser une course d'éléphants, et trouvant trop exiguë la piste du cirque, procéda à cette destruction pour créer une nou velle piste. Enfin la troisième catégorie, suivant F. Marchi, S. J., le distingué conservateur des Catacombes, estime que les raisons qui militent en faveur d'une double translation sont trop péremptoires pour être négligées. Ces derniers auteurs, empruntant les opinions des deux premières catégories, pensent que les corps furent d'abord mis dans les Catacombes bientôt après le martyre, à la suite de la tentative d'enlèvement faite par des Grecs, et une deuxième fois, au début du III⁰ siècle, à la suite de l'acte d'Héliogabale.

La controverse subit une nouvelle évolution par suite de la dé couverte déjà mentionnée d'une nouvelle version du *Martyrologe*, et Mgr Duchesne fut le premier à ressusciter la version d'une seule translation, mais avec une interprétation nouvelle ; en effet, tandis que ses prédécesseurs plaçaient cette translation soit tout près du moment du martyre, *eo tempore quo passi sunt*, comme le dit S. Grégoire, ou bien très peu de temps après l'année 200, Mgr Duchesne [2] choisit maintenant l'époque du Consulat de Tuscus et Bassus, suivant le *Martyrologe*, c'est-à-dire l'année 258, suppo sant avec quelque vraisemblance que cette cérémonie fut motivée par la persécution de Valérien qui sévit cette année-là. Pour sou tenir cette nouvelle thèse, cet auteur a dû répudier les témoignages des *Acta* et de S. Grégoire, considérés cependant par ses prédéces seurs comme si concluants. Cette manière de voir a été également adoptée par le professeur Marucchi [3] et par Mgr de Waal, mais combattue par le professeur Armellini. Disons que les nouvelles fouilles faites sur les lieux en 1892, et l'examen attentif des orne ments d'architecture de ces tombes semblent condamner définiti vement la nouvelle opinion de MM. Duchesne et Marucchi. Presque tous les gens compétents assignent à ces travaux le commencement du III⁰ siècle (sinon la fin du II⁰ siècle), et par conséquent la date adoptée par les deux auteurs que nous venons de citer ne peut être admise.

1. Lampridius, *In Heliogab.*, c. 23.
2. Mgr Duchesne, *Liber Pont.*, I. cvi.
3. Marucchi, *Le Memorie dei SS. Apostoli*, Rome, 1894, p. 39 *seq.*

Le professeur Armellini [1] a combattu très vivement les opinions de Mgr Duchesne et du professeur Marucchi et a adopté la thèse des deux translations distinctes comme surabondamment prouvée par les documents qui nous restent, mais il ne s'est pas préoccupé d'en fixer exactement les dates : Mgr Lugari [2] s'est acquitté de ce soin, d'abord dans son ouvrage sur les Catacombes, et ensuite, dans un mémoire paru dans le *Bessarione* en janvier 1898. Ses conclusions concordent de très près avec celles de F. Marchi ; c'est-à-dire que les corps des deux apôtres furent déposés dans les Catacombes, bientôt après le martyre, à la suite de la tentative faite par des Orientaux venus de Jérusalem pour les emporter chez eux ; que le corps de S. Pierre y fut de nouveau enseveli, cette fois avec les dépouilles de ses douze successeurs immédiats, après la destruction des tombeaux du Vatican par Héliogabale en 200 ; et que le corps de S. Paul y fut aussi transporté en 258, à la suite de la persécution de Valérien. Il pense que tous ces corps restèrent là jusqu'à l'époque de Constantin. Cette théorie a au moins cet avantage de mieux s'adapter aux faits que celle du professeur Marucchi, mais elle présente par ailleurs des inconvénients, en ce qu'elle ne tient pas compte des passages que nous avons cités du *Feriale Philocalianum* ou du *Martyrologe*. De plus, comment admettre, si réellement le corps de S. Pierre est demeuré là plus de cent ans, que sur les lieux mêmes la tradition ne lui attribuât pas un séjour de plus de quarante ans ? Et enfin les découvertes faites récemment au Vatican sont en opposition avec la thèse de la destruction du tombeau de S. Pierre, destruction invoquée comme motif de la translation, et aussi avec l'enlèvement de certains corps des douze évêques enterrés près de lui.

Après avoir ainsi esquissé les différentes opinions et théories connues à cette heure sur ce sujet, et les raisons qui nous empêchent de nous contenter d'aucune d'elles, nous allons maintenant examiner à nouveau les matériaux dont nous disposons, avec l'espoir que nous pourrons peut-être parvenir à résoudre la question.

Nous commençons par adopter la thèse de Mgr Duchesne [3], à savoir que le passage du *Martyrologe* prouve d'une façon incontestable qu'une translation des reliques aux Catacombes a eu lieu l'an 258. C'est là un document officiel de l'Église, et non une légende qui est venue se greffer sur quelque fait historique. Il affirme le

---

1. Armellini, *Antichi cimiteri cristiani*, Rome, 1893, p. 745 *seq.*
2. Lugari, *Le Catacombe ; ossia il sepolcro Apostolico dell'Appia*, Rome, 1888.
3. Ed. Duchesne, I, p. 150.

fait d'une translation dont l'anniversaire est célébré par une cérémonie accomplie à l'endroit même où les reliques ont été transportées. En outre le fait de mentionner, pour fixer cette date, le
nom des Consuls qui étaient en exercice à ce moment-là nous paraît
fort de nature à écarter toute possibilité d'erreur.

Mais, si les corps des Apôtres ont été mis dans les Catacombes
en 258, que devient le passage du *Liber Pontificalis* [1] qui affirme
qu'ils furent enlevés par Lucine et le pape Corneille ? Ce dernier
subit le martyre l'an 252. Il faudrait donc admettre qu'il a procédé
à cet enlèvement au moins six ans auparavant. Quant à trancher
la difficulté en expliquant qu'il y a eu deux translations et que les
Apôtres, ayant été ensevelis dans les Catacombes dès leur martyre,
furent transportés pour y demeurer quelque temps au Vatican et
à la Voie d'Ostie, après quoi on les ramena aux Catacombes, il
n'y faut point songer. Car il est bien certain que le corps de
S. Pierre était non aux Catacombes mais au Vatican, lorsque son
premier successeur, Lin, fut enterré *in Vaticano juxta corpus beati
Petri*, qu'Anaclet éleva un monument sur sa tombe, et que le
prêtre Caïus se flatta devant les hérétiques de leur montrer le
trophaeum de l'Apôtre sur la Voie Appienne. Et d'ailleurs les termes du document même nous indiquent que c'est après la seconde
translation, s'il y en a eu deux, et non après la première que
Corneille et Lucine procédèrent à l'enlèvement. Car il y est dit
qu'ils déposèrent les reliques *inter corpora sanctorum episcoporum*,
parmi les corps des saints évêques au Vatican ; or nous savons que
ces derniers n'avaient été déposés là qu'en raison justement de la
présence au même lieu du corps de S. Pierre.

Nous ne voyons donc plus qu'une hypothèse à admettre ; c'est
qu'il s'est glissé une inexactitude dans le passage que nous com-
mentons. Ce passage nous cite un fait exact, l'enlèvement un peu
après l'année 258 ; mais il y a erreur pour la date. Ce n'est pas sous
le pape Corneille mais sous le règne d'un autre pape. Telle est
l'opinion aussi bien de Mgr Duchesne, le savant éditeur du *Liber
Pontificalis*, que du professeur Marucchi [2]. Reste à savoir maintenant sous quel pape le fait a eu lieu. Car résoudre cette question,
ce sera, du même coup, déterminer approximativement combien de
temps les corps demeurèrent à Saint-Sébastien après l'année 258.
Le professeur Marucchi, rejetant toute idée d'une translation antérieure, accepte la date donnée dans les *Acta*, et pense que les

---

1. *Liber Pont.*, I, cvi.
2. *Le memorie dei SS. Apostoli*, p. 56.

corps restèrent un an et sept mois, et qu'alors, la persécution s'étant un peu ralentie, ils furent replacés dans leurs tombeaux primitifs. Sa théorie est celle-ci : « Les *Acta* et S. Grégoire nous ont conservé le souvenir de ce fait mais d'une façon générale et quelque peu confuse et sans en fixer la date, qui nous est fournie par le *Feriale* et le *Martyrologe*. Pour écarter la difficulté qui ressort de ce fait que les *Acta*, comme S. Grégoire, semblent fixer cette date immédiatement après le martyre, il remarque premièrement que le passage en question des *Acta* n'est pas nécessairement lié avec le récit de la mort des Apôtres, en étant, au contraire, séparé par l'histoire de la mort de Néron [1] ; puis il propose de traduire le « *eo tempore quo passi sunt* », de S. Grégoire, par « l'anniversaire de leur martyre ». Ces deux solutions paraissent quelque peu forcées. Et, quant aux témoignages des pèlerins du VII⁰ siècle affirmant que les corps sont restés dans les Catacombes pendant une période de quarante ans, il s'en débarrasse sans trop de cérémonies en alléguant qu'en tous cas l'affirmation d'un pèlerin du VII⁰ siècle est de peu de valeur sur un sujet pareil.

Mais il existe, d'ailleurs, une preuve évidente d'une autre nature, qui, à notre connaissance du moins, n'a pas été encore invoquée dans cette discussion, et qui combat l'hypothèse précédente en prouvant que les corps ont fait là un séjour de vingt ou trente ans au moins. Cette preuve ressort des *Actes* des divers martyrs qui ont souffert dans les persécutions de la moitié du III⁰ siècle. Par exemple, on rapporte dans les Actes de S. Sébastien [2], que ce martyr apparut après sa mort à Lucine et lui demanda de faire placer son corps près des reliques, *vestigia* [3], des saints Apôtres. C'est ainsi qu'il fut inhumé dans la Catacombe qui porte encore son nom, près du tombeau des Apôtres. Nul ne peut contester que le vœu du Saint était d'être enseveli près de l'endroit où avaient reposé les Apôtres, et non pas là où l'un d'eux pouvait se trouver en ce moment-là et c'est ce qui nous prouve que l'année 284, c'est-à-dire celle du martyre de S. Sébastien, les corps des Apôtres n'avaient pas encore été rendus à leurs tombes respectives, mais qu'ils étaient encore dans la *Platonia*, où on les avait mis en 258.

Nous venons donc de prouver, contrairement à la thèse du professeur Marucchi, qu'il est impossible de soutenir que les corps des Apôtres demeurèrent aux Catacombes après l'année 258 seu-

---

1. Cette opinion a été aussi émise par Mgr Duchesne.
2. *Acta S. Sebastiani* ; voir les Bollandistes, *Acta Sanctorum*, Jan., II, p. 622.
3. Comme autre exemple de cet emploi anormal du mot *vestigia* pour reliques, voir *Lib. Pont.*, I.

lement pendant une année et sept mois ; abordons maintenant l'opinion de Mgr Duchesne et de Mgr Lugari qui soutiennent, tous les
deux, que les corps ne furent pas enlevés des Catacombes jusqu'après la paix de l'Église et la construction des basiliques. Pour
détruire leur thèse, nous invoquons d'abord le fait de la tradition
locale qui fixe à quarante années, au lieu de soixante-dix années
et plus, comme le croient les deux auteurs que nous venons de citer,
la durée du séjour des corps ; or, il est tout naturel que la tradition ait été plutôt portée à exagérer qu'à réduire la durée de ce
séjour. En outre nous puisons un nouvel argument, très péremp-
toire à notre avis, dans la construction même des basiliques, car il
ressort de là d'une façon évidente que les corps étaient déjà là
quand les basiliques furent construites et qu'ils n'y furent donc
pas transportés après leur achèvement. En effet, en examinant
Saint-Pierre, une circonstance très remarquable nous frappe, c'est
que l'axe du tombeau ne coïncide pas avec l'axe de l'édifice lui-
même [1]. Dans la basilique de Saint-Paul le fait est encore plus
frappant, car la position de l'édifice a été déterminée par celle de
la tombe sur la Voie ; c'est ce qui n'a permis de construire qu'une
église de petite dimension. Dans les deux cas il est évident que les
dépouilles des saints étant enfermées dans leurs tombeaux, un sentiment de respect a empêché les architectes de toucher à ces monuments et de les placer dans les conditions que l'état des lieux exigeait pour les basiliques elles-mêmes.

Donc, puisqu'il est prouvé que les reliques furent dans les Catacombes pendant plus de vingt ans mais pendant moins de soixante-
dix ans, examinons si, en fin de compte, la tradition en cours à
Saint-Sébastien au VIIe siècle ne serait pas l'expression de la vérité
et si la période de quarante années environ ne représenterait pas
le délai réellement écoulé entre le transfert aux Catacombes et le
retour aux premiers tombeaux. Quarante années écoulées après
l'an 258 nous conduiraient à l'époque la plus violente de la persécution de Dioclétien, la dernière et la plus cruelle de toutes les persécutions souffertes par les premiers chrétiens et il est difficile
d'admettre que ce fut là un moment convenable pour ramener les
corps à leur première sépulture. Mais en l'an 205, la paix fleurit
de nouveau dans l'Église d'Occident, alors qu'après un interrègne
exceptionnellement prolongé par suite de la violence de la persécution, Marcel monta sur le trône pontifical, et à ce moment-là
les chrétiens pouvaient visiter en paix leurs cimetières.

---

1. Des détails que nous donnerons plus loin semblent pourtant montrer que cette
divergence est moins grande qu'on ne le pense en général.

Interrogeons donc le *Liber Pontificalis*, sous le règne du pape Marcel, en 306/8 et demandons-nous si le texte que nous trouvons placé mal à propos sous le règne de Corneille, ne concorderait pas au contraire avec l'époque de Marcel. Cette tentative nous fournira l'occasion de rencontrer un nom qui nous frappera, celui de Lucine. Il existait, à l'époque de Marcel, une personne portant le nom de Lucine, à qui l'enlèvement des corps des Apôtres peut très bien être attribué. C'est là un sérieux motif pour classer ce fait sous le règne de Marcel. Au surplus cette Lucine paraît absolument désignée pour l'accomplissement d'un acte de ce genre. Elle était d'un rang assez élevé ; âgée de quatre-vingts ans, veuve d'un personnage appelé Marcus, avec lequel elle avait vécu cinquante ans. Elle était, par ailleurs, dévouée au pape, car nous lisons qu'elle fit abandon de ses biens à l'Église, donnant sa demeure pour en faire un *titulus*, ou paroisse, laquelle paroisse fut consacrée, après sa mort, à la mémoire de S. Marcel et porte encore le nom de *Santo Marcello in Corso*. Et enfin, quand Marcel fut martyrisé, cette Lucine obtint son corps et l'enterra *in praedio suo*, « dans son champ », c'est-à-dire à l'endroit actuellement connu sous le nom de cryptes de Lucine dans le cimetière de Sainte-Priscille.

Ce dernier détail nous fournit une preuve de plus, car le même fait est indiqué dans le passage que nous avons cité, et il y est dit qu'après le martyre du pape Corneille, Lucine obtint d'enterrer son corps, *in praedio suo*, c'est-à-dire dans les Catacombes de Saint-Callixte.

Voici ce qui a dû arriver vraisemblablement. Ou bien il a existé deux Lucine, l'une ayant enterré Corneille et l'autre Marcel, chacune *in praedio suo*, — et dans ce cas nous n'avons pas à rechercher davantage la cause de la confusion ; — ou bien cette confusion a existé dans l'emploi du nom de Marcel au lieu de Corneille, ce qui est très admissible dans un document ancien et probablement écrit peu lisiblement. Dans ce dernier cas, tout le passage doit concerner Marcel, et il n'y aura plus de raison pour mêler une Lucine à l'ensevelissement de Corneille.

La seconde de ces deux hypothèses paraît la plus admissible. En premier lieu nous ne trouvons pas d'autre trace de l'existence d'une matrone de ce nom à l'époque de Corneille. La Lucine qui enterra S. Sébastien l'an 294 est probablement la même personne qui ensevelit en 308 le corps de Marcel et le seul autre passage authentique où se rencontre ce nom appartient à l'époque apostolique, à celle de l'ensevelissement de S. Paul.

En outre, il est très difficile d'admettre que Corneille ait été enterré dans la propriété d'une Lucine quelconque, car tout indique
qu'il fut enseveli dans le tombeau de sa propre famille, *Gens Cornelia* [1]. A moins, donc, qu'il existe d'autres motifs pour lier le nom
de Lucine avec le cimetière de Saint-Callixte — et nous n'en connaissons pas — nous nous voyons obligés d'admettre d'abord une
erreur de lecture qui a fait prendre le nom de Marcellus pour celui
de Cornelius, et de croire que la conséquence de cette erreur a été
d'abord d'inventer une Lucine qui a enterré Corneille, et secondement de suivre cette fausse piste en donnant le nom de « cryptes
de Lucine » à certaines parties du cimetière de Saint-Callixte.

Mais si la Lucine du IIIe siècle est un mythe, que devient la Lucine du Ier siècle, disciple de S. Pierre et de S. Paul, qui n'est
autre, d'après M. De Rossi, que la célèbre *Pomponia Graecina* [2] ?
Son existence est prouvée en premier lieu par l'autorité du *Martyrologe Romain*, où nous voyons figurer son nom à la date du
30 juin, et où elle est présentée comme ayant vécu aux temps apostoliques, visitant régulièrement les martyrs dans leurs prisons, et
construisant une crypte dans son propre terrain pour y recueillir
leurs restes. Le seul autre document ancien où se rencontre encoie
son nom est les *Actes des SS. Processus et Martinianus*, mais c'est
là un document trop ancien pour avoir une valeur réelle. Baronius
semble être le premier auteur qui parle d'elle en mentionnant qu'elle
ensevelit S. Paul, mais c'est un simple fait qu'il cite, sans invoquer
aucune autorité à l'appui de son dire. Il s'est inspiré sans nul doute
de la mention du *Liber Pontificalis* qui concerne Corneille, considérant que toute cette histoire se rapporte à l'ensevelissement primitif des Apôtres. En s'inspirant de ces considérations, on verra
qu'il n'y a guère de preuves de l'existence d'une personne de ce
nom aux temps apostoliques.

Mais nous n'en avons pas encore fini avec les confusions créées
par cette malencontreuse erreur. En jetant un nouveau coup d'œil
sur le récit primitif de la translation des restes des Apôtres nous
voyons qu'il est dit que Lucine fit transporter le corps de S. Paul
et que Marcel lui même fit la même opération pour celui de S. Pierre
quelques jours plus tard. Et c'est justement cela qui, par suite
d'une confusion entre l'enlèvement des Catacombes et cette translation et la sépulture primitive, a donné naissance à l'histoire d'une
Lucine ensevelissant S. Paul, et également pour l'ensevelissement
de S. Pierre par Marcel. Dans les *Actes* apocryphes Marcel joue

---

1. Armellini, *Ant. Cim. crist.*, p. 381.
2. De Rossi, *Roma sotterranea*, II, p. 262.

un rôle très important. Il y est fait mention de son père, un personnage du nom de Marcus, sénateur (dont l'origine a sans doute quelque lien avec ce Marcus qui fut l'époux de la véritable Lucine), de ses frères et de son histoire. Comme nous l'avons rapporté, il avait été disciple de Simon le Magicien, mais, converti par les prédications de S. Pierre, il était devenu un des plus fervents adeptes du chef des Apôtres. C'est dans la maison de Marcus qu'habite S. Pierre ; c'est lui qui lui conseille de fuir de Rome ; lui qui détache le corps du martyr de la Croix et l'ensevelit ; qui veille toutes les nuits près de son tombeau jusqu'au jour où S. Pierre lui apparaît et lui ordonne de laisser les morts ensevelir leurs morts et qui enfin écrit la relation de tous ces faits et en atteste ainsi la vérité : « Moi, disciple de Pierre, mon Maître, ai écrit ces choses que j'ai vues [1]. » C'est lui, en résumé, qui est le principal héros de l'histoire, après les Apôtres eux-mêmes, et c'est d'après lui que le compilateur réunit les faits et les discours qui lui servent à composer son ouvrage.

Ces données nous permettent de voir clairement ce qui a dû se produire. Il existait à cette époque une tradition digne de foi concernant l'enlèvement par Lucine et Marcel des corps des Apôtres. Ce fait avait dû être transcrit sur une simple feuille et ne mentionnait aucune date, et en effet, Marcel n'ayant régné que deux ans, la mention de la date était à peu près inutile. Un siècle ou deux après, une copie de cette feuille est tombée entre les mains du compilateur du *Liber Pontificalis*. Par l'effet du temps le nom du pape n'était plus très lisible, il a cru qu'il s'agissait de Corneille et a placé l'histoire sous le règne de ce dernier. Un peu plus tard le compilateur des *Actes* apocryphes, ou peut-être plutôt de quelque autre document d'après lequel ont été écrits ces *Actes* tels qu'ils nous sont parvenus, a eu connaissance de ce document et soit que la copie qu'il a eue en mains ait été plus nette, soit qu'il ait été lui-même plus habile, il a déchiffré le vrai nom de Marcel. Cela aurait dû lui expliquer suffisamment le sens du passage, mais il n'en a pas été ainsi. Le compilateur n'était peut-être pas un Romain et n'avait jamais entendu parler des translations aux Catacombes. En tous cas, il a cru qu'il s'agissait du premier ensevelissement et a écrit son histoire sur ces données, inventant un Marcel pour enterrer S. Pierre avec tous les détails s'adaptant aux faits. D'autres écrivains sont venus ensuite et sont tout naturellement tombés dans la même erreur ne voyant aucune raison de se méfier de ces

---

1. Lipsius, *Acta Petri*, etc., pp. 4, 5, 20, 21, 54 *seq.* 99 *seq.* 172, 173, 216.

documents et ne se doutant nullement que les deux guides qu'ils suivaient ainsi aveuglément les conduisaient sur une fausse piste.

Cette transcription du texte dont nous nous occupons du règne de Corneille à celui de Marcel permet encore d'éclaircir certaines difficultés qui ont frappé les historiens ecclésiastiques dans la vie de ces deux pontifes. Car, d'un côté, on nous dit que Corneille fut envoyé en exil à Centumcella, et y mourut de mort naturelle *(cum gloria obdormitionem accepit)* [1]. Or, il a toujours paru impossible de faire concorder cette circonstance avec ce que nous savons de son pontificat et surtout avec ce fait qu'il est réellement mort martyr et qu'il fut enterré à Rome, comme l'inscription placée sur son tombeau nous l'indique.

Cette inscription paraît de nature à trancher définitivement et sans contestation possible cette question, car elle est certainement antérieure à Constantin et par conséquent elle date bien de cette époque. De plus nous savons qu'alors le titre de martyr, par cela même qu'il donnait droit à la vénération des fidèles, n'était accordé qu'après un procès *(vindicatio)* analogue aux formalités de la canonisation actuelle. Par exemple l'épitaphe du pape S. Fabien porte le mot « Martyr » ajouté après coup et par un autre main, parce que, bien que sa mort glorieuse fût connue de tous, cette dénomination ne pouvait lui être accordée que par son successeur et après un certain laps de temps. De même S. Optat *(De schis. Don., i., 6.)* nous parle du refus d'une certaine matrone d'honorer les reliques d'un martyr reconnu mais non canonisé *(etsi martyris necdum vindicati).*

Par ailleurs l'information la plus authentique que nous ayons de S. Marcel nous a été transmise par l'épitaphe poétique que S. Damase a composée et placée en son honneur dans l'église de Saint-Sylvestre au cimetière de Sainte-Priscille. Cette épitaphe est parvenue jusqu'à nous, grâce à ces pèlerins du VIIᵉ siècle dont nous avons dit un mot, et elle est ainsi conçu :

VERIDICUS RECTOR LAPSOS QUIA CRIMINA FLERE
PRAEDIXIT MISERIS FUIT OMNIBUS HOSTIS AMARUS
HINC FUROR HINC ODIUM SEQUITUR DISCORDIA LITES
SEDITIO CAEDES, SOLVUNTUR FŒDERA PACIS
CRIMEN OB ALTERIUS CHRISTUM QUI IN PACE NEGAVIT
FINIBUS EXPULSUS PATRIAE EST FERITATE TYRANNI
HAEC BREVITER DAMASUS VOLUIT COMPERTA REFERRE
MARCELLI UT POPULUS MERITUM COGNOSCERE POSSET [2].

1. *Catalogue Libérien,* cité dans le *Lib. Pont.,* I.
2. De Rossi, *Inscr. chr.,* II, p. 62.

Nous apprenons par cette épitaphe que S. Marcel fut certainement
exilé à l'instigation de quelques apostats rendus furieux par la
sévérité que montrait le pape envers ceux qui avaient renoncé
à leur foi, pendant la grande persécution, et pourtant cet exil n'est
mentionné ni dans le *Liber Pontificalis*, ni dans la *Passio Marcelli* [1],
ni dans aucun autre document connu, mais, au lieu de cela, nous
avons le récit qui nous le montre contraint de soigner les chevaux
dans les étables publiques et soumis à de mauvais traitements qui
entraînèrent sa mort. Ce récit diffère des détails donnés par la version primitive. Il semble bien, d'ailleurs, que toute l'histoire de
l'exil à Centumcella, comme celle de sa mort qui en fut la suite,
mort qui n'est pas strictement celle d'un martyr mais qui est cependant la conséquence de son attachement à la foi et peut bien être qua-
lifiée de « glorieuse », aussi bien que l'autre histoire de l'enlèvement
du corps des Apôtres, il semble bien que tout cela concerne Marcel et non Corneille. Dans ce cas le sens de ces mots *collegit b.
Lucina corpus suum* [2] signifierait qu'elle vint à Centumcella, prit
son corps avec elle pour lui donner à Rome, dans sa propriété, une
sépulture convenable. Nous voyons également, à la lumière de ces
faits, pourquoi Marcellin, le prédécesseur immédiat de Marcel, ne
fut pas enseveli dans la crypte papale à Saint-Callixte, comme
l'avaient été presque tous les papes précédents, depuis l'époque où,
avec S. Zéphyrin, on avait cessé de les enterrer aux alentours de
Saint-Pierre au Vatican. Marcellin fut martyrisé alors que sévissait avec le plus de fureur la persécution de Dioclétien, la plus
cruelle, on le sait, de toutes les persécutions, et il n'était sans doute
pas prudent de se risquer à l'enterrer dans un endroit aussi connu
que Saint-Callixte. C'est alors que se présenta Lucine, déjà bien
connue pour avoir enseveli quelques années auparavant S. Sébastien et d'autres martyrs et elle offrit sa terre, c'est-à-dire l'emplacement actuel du cimetière de Sainte-Priscille. C'est encore là
qu'elle plaça les dépouilles de S. Marcel, après les avoir rapportées
de Centumcella. Et c'est après qu'elle fit don de toute sa propriété
à l'Église, sa demeure devant devenir l'église de Saint-Marcel, et
ce cimetière devant remplacer celui de Saint-Callixte et servir désormais de sépulture aux papes. C'est là que furent déposés, en conséquence, les corps de tous les pontifes suivants, pendant le cours
du IVe siècle. Après Marcellin et Marcel, Sylvestre, Libère, Sirice,
Célestin et Vigile. Ce fut là le principal lieu de sépulture des papes

---

1. Bollandistes 16 Janv. « Nulla alibi quod sciamus mentio exilii S. Marcelli. »
2 *Lib. Pont.*, I, p. 151.

jusqu'au jour où l'on recommença avec S. Léon le Grand à les placer au Vatican.

Mais cela nous écarte de notre sujet et nous devons y revenir. Maintenant que nous avons éclairci la question de l'enlèvement des corps des Apôtres des Catacombes en l'an 306 et démontré l'exactitude approximative des traditions du VII° siècle, assignant une durée de quarante ans au séjour de ces corps en cet endroit, interrogeons nos documents et voyons si nous n'y pouvons pas aussi trouver une explication pour une translation plus ancienne. Car il est aisé de comprendre qu'il doit y avoir eu deux translations distinctes, étant donné que bien des raisons empêchent d'admettre que ces documents se rapportent à l'enlèvement du III° siècle dont nous avons reconstitué l'histoire.

Certainement nous avons déjà éclairci quelque peu la question, car en faisant disparaître la fausse Lucine et le faux Marcel de la scène nous avons prouvé que les Apôtres ne pouvaient pas, suivant toute évidence, avoir été enterrés au Vatican et sur la voie d'Ostie immédiatement après leur martyre ; et la version des *Acta* d'après laquelle ils furent déposés pendant un an et sept mois à Saint-Sébastien, tandis qu'on préparait leurs tombeaux, n'est nullement impossible. A l'exception d'un point l'histoire est maintenant assez claire et assez vraisemblable et peut se résumer ainsi : —

Les Orientaux essayèrent d'emporter les corps à Jérusalem. Quand ils furent parvenus à la troisième borne de la Voie Appienne, une violente tempête éclata suivie d'un tremblement de terre. Jugeant que Dieu voulait marquer par là sa colère en présence de leur tentative, ils renoncèrent à emporter ces précieux restes loin de la terre où ils reposaient et les ensevelirent dans un tombeau tout près de là. Ensuite ces corps furent transportés avec beaucoup de solennité un an et sept mois après et mis dans les tombeaux préparés près du lieu où ils avaient enduré le martyre.

Ainsi expliqués ces faits ne présentent aucun caractère improbable et concordent avec tous les témoignages à l'exception d'un seul. Cette exception consiste dans la mention que nous trouvons à la fois dans les *Acta* et, ce qui est plus important, dans S. Grégoire le Grand, que des messagers furent envoyés de Jérusalem pour enlever les corps. Les *Acta* mentionnent le fait en des termes remarquables : « Alors survinrent de pieux personnages que personne n'avait vus auparavant ni ne devait revoir ensuite. » Quels étaient ces personnages et comment avaient-ils entendu parler de la mort de S. Pierre ? Si les corps étaient déjà en terre, comme on n'en peut douter, étant donné le temps écoulé pour que le bruit de la mort ait pu parvenir à Jérusalem et pour que ces personnages aient pu accomplir le voyage de Rome à Jérusalem, de quelle haute influence disposaient-ils donc pour obtenir l'exhumation des corps et leur transfert à Jérusalem ? Comment espéraient-ils triompher des objections très sérieuses que les chrétiens de Rome devaient naturellement opposer à un projet qui les privait des reliques des martyrs et des Apôtres ? Evidemment ce récit contient des circonstances qui exigent quelques explications si on veut le faire accepter comme authentique. Ces explications, nous les trouverons, je me plais à le croire, précisément dans la troisième autorité qui fait allusion à cette première translation, c'est-à-dire dans le poème de S. Damase trouvé à Saint-Sébastien. *Discipulos Oriens misit*, a écrit S. Damase, indiquant par là que la prétention des Juifs à se dire concitoyens des Apôtres n'était pas sans fondements. Il est surabondamment prouvé par les mots qui suivent : *quod sponte fatemur*, qu'il n'admet pas d'autre interprétation. C'est là, d'ailleurs, une formule familière que S. Damase affectionnait et qu'il employait fréquemment ; il s'en sert, par exemple, pour la plus fameuse de ses inscriptions, celle qu'il a placée dans la crypte papale de Saint-Calixte ainsi conçue :

HIC CONFESSORES SANCTI QUOS GRAECIA MISIT [1].

« Les saints confesseurs qui viennent de la Grèce, » ou encore lorsqu'il écrit, parlant probablement de S. Hippolyte :

JAMDUDUM QUOD FAMA REFERT TE GRAECIA MISIT
SANGUINE MUTASTI PATRIAM [2]

« On dit que vous êtes venu depuis longtemps déjà de Grèce, mais en mourant vous avez changé de patrie. » Ici le sens est exactement le même que dans l'exemple précédent et nous comprenons bien la pensée du poète :

DISCIPULOS ORIENS MISIT QUOD SPONTE FATEMUR
ROMA SUOS MERUIT DEFENDERE CIVES.

« Nous admettons volontiers que, par leur naissance, les Apôtres étaient Orientaux, mais Rome avait encore plus de droits pour

1. De Rossi, *Inscr. chr.*, II, p. 66.
2. *Ibid.*, p. 108.

revendiquer à son profit ceux qui par leur mort étaient devenus ses citoyens [1]. »

Si S. Damase avait écrit, comme nous l'avons traduit, *Apostolos misit Oriens*, il n'y eût pas eu de méprise possible sur ce qu'il voulait dire, mais malheureusement il écrivait des hexamètres, et *Apostolos* est un mot impossible à insérer dans un hexamètre. Voilà pourquoi il a écrit *discipulos*, et c'est ce mot malheureux qui a occasionné toutes ces méprises. L'auteur des *Acta* s'est aperçu de la chose et il a traduit cette phrase par « *l'Est envoyé des messagers.* » Puis il développa l'idée à sa manière, et c'est ainsi qu'il nous fait ce récit merveilleux de ces pieuses gens que « personne n'avait vues auparavant ni ne devait voir ensuite ». Alors S. Grégoire à qui cette inscription devait être familière puisque, de son temps, elle était encore sur les murs de la *Platonia*, n'en comprit pas le sens exact. Son esprit naturellement grave et sobre ne pouvait l'entraîner dans des détails merveilleux ; il s'est donc borné à cette simple indication qui a égaré tant de lecteurs, que « des chrétiens vinrent de l'Orient pour chercher les corps des Apôtres qui étaient leurs concitoyens ». Plus tard, une nouvelle méprise se produisit au sujet du mot « defendere », terme juridique, qu'il faut traduire par « revendiquer comme siens ».

Même à cette heure la méprise subsiste encore et il ne manque pas de savants, tels que Mgr Lugari, par exemple, qui acceptent les données des *Acta* et de S. Grégoire comme émanant d'autorités indépendantes et qui traduisent les paroles de S. Damase à la lumière des faits avancés par ces mêmes autorités.

Notre dernier argument n'offre qu'une valeur difficile à apprécier. Dans l'*atrium* ou cour en façade de l'ancienne église de Saint-Pierre, il existait sur l'un des murs un certain nombre de fresques représentant les divers événements que nous avons racontés. Bosio eut l'heureuse idée, après les avoir vues, de prendre la peine de les copier, avant qu'elles fussent détruites, en 1606. Ces dessins parurent dans l'édition de sa *Roma sotterranea*, publiée par Severano, après la mort de cet auteur. C'est de là que nous en avons tiré une reproduction pour le présent ouvrage. Une de ces fresques fut aussi copiée par Grimaldi, dont le dessin figure dans un manuscrit de la Bibliothèque ambrosienne à Milan, et nous pouvons ainsi nous fier à l'exactitude de Bosio comme fidélité dans ces reproductions.

---

1. Quant à cette idée que les Apôtres sont devenus romains par le fait de leur martyre, *cf.* Tertullien, *Scorp.* 15 : « Paulus civitatis Romanae consequitur nativitatem, cum illo martyrii renascitur generositate. »

La valeur de ces fresques, comme documents à invoquer dans nos recherches, dépend entièrement de la date où elles virent le jour, car il est évident qu'elles représenteront les faits admis à ce moment par la tradition. Bosio les croyait très anciennes et il pensait, avec la plupart des gens experts de son temps, qu'elles dataient de plus de mille ans, c'est-à-dire qu'elles remontaient au moins à l'époque de S. Grégoire le Grand. Nulle part il n'est fait mention de travaux de ce genre, accomplis sous le règne des premiers papes, à l'exception pourtant d'Adrien Ier qui fit orner, dit-on, l'*atrium* de peintures *(picturis)* et de marbres. Il est d'autant plus difficile de fixer la date de ces travaux d'après leur style que nous avons à notre disposition, non des originaux, mais seulement des copies et que nous ne savons pas à quel point ces copies ont pu s'inspirer du goût du XVIe siècle. Au surplus, il semble qu'il y a de bonnes raisons de penser qu'en tout cas les originaux ont déjà été largement retouchés et peut-être repeints dans la première partie du XVe siècle, puisque Martin V y a fixé ses armes, ce qui semble indiquer qu'il a fait exécuter quelque travail de ce genre. Ce qu'il y a de certain, c'est que dans le troisième panneau les vêtements ecclésiastiques, et dans le second les vêtements monastiques ont un cachet très prononcé du moyen âge, tandis que dans ces deux peintures l'évêque appartient à une époque antérieure. Une autre indication de date nous sera peut-être fournie par l'emploi du nimbe. L'Église a adopté l'usage du nimbe d'après l'art païen qui l'employait à l'occasion pour indiquer la majesté. Il semble originaire d'Égypte, où le rencontraient souvent ceux qui ont étudié les monuments de cette contrée; de là il s'est répandu dans la Grèce et à Rome, mais ces contrées n'en ont fait qu'un usage restreint. A Rome il n'en reste qu'un ou deux vestiges, spécialement sur la tête de Trajan, sur l'Arc de Triomphe de Constantin. Une preuve très ancienne qui indique que les chrétiens l'employaient comme un signe de royauté et non de sainteté, c'est cette circonstance curieuse qu'à Sainte-Marie Majeure la figure d'Hérode est ornée du nimbe. Dans les œuvres d'art chrétiennes la présence du nimbe indique généralement que l'œuvre ne remonte pas au delà de l'époque de Constantin; et même après cette époque dans les premiers siècles, l'emploi en est irrégulier et usité seulement pour le plus grand personnage de la composition. C'est ainsi qu'à Sainte-Constance, dont les mosaïques sont du IV siècle, nous voyons le nimbe figurer sur la tête de Notre-Seigneur, mais pas sur celle des Apôtres. De même aussi dans la Catacombe de Sainte-Domitille, dans laquelle Notre-Seigneur est représenté au milieu des Apôtres,

S. Pierre, seul parmi les douze, a le nimbe. En ce qui concerne les peintures que nous avons sous les yeux, remarquons que, dans toutes les trois, les deux apôtres S. Pierre et S. Paul sont ornés du nimbe, et l'évêque qui préside est représenté avec le nimbe dans une des peintures et sans nimbe dans l'autre, c'est-à-dire que S. Corneille (ou S. Marcel) a le nimbe, comme martyr, tandis que S. Sylvestre, qui n'a pas été martyrisé, ne l'a pas. Cela semblerait indiquer que la date de ces œuvres doit remonter assez loin et que l'on peut les invoquer comme preuve assez concluante.

Les sujets représentés par la seconde et la troisième peinture sont assez clairs pour qu'on ne s'y attarde pas. Une représente l'enlèvement des deux corps des Catacombes par S. Corneille (ou plutôt par S. Marcel), à la requête de Lucine. L'autre reproduit le dépôt du corps de S. Pierre par S. Sylvestre, et en effet Constantin est clairement désigné par le personnage en vêtements civils qui se tient aux pieds du Saint. Pas d'hésitation là-dessus. La question intéressante, c'est de déterminer le sujet du premier tableau. Bosio y voit la scène mentionnée par S. Grégoire dans sa lettre à l'impératrice, la tentative d'enlèvement des reliques par les Grecs, et les efforts heureux des chrétiens romains pour s'y opposer. Cette hypothèse emprunte quelque vraisemblance aux costumes étranges des personnages qui entourent les corps. Mais d'un autre côté les soldats armés d'épées ne peuvent être pris pour des Romains chrétiens du Ier siècle ; au surplus, la narration de S. Grégoire n'évoque pas l'idée d'un combat meurtrier, car il dit que c'est un tremblement de terre qui a mis empêchement au projet des Grecs. Et encore, que signifient ces Anges avec des couronnes en mains et qui descendent du ciel ? Ils ne peuvent apporter les couronnes du martyre à S. Pierre et à S. Paul, puisqu'il y en a quatre. Pour nous, il nous semble que cette peinture représenterait plutôt les faits qui ont dû se passer en l'an 258, ainsi que nous l'avons indiqué dans ce chapitre. Les étranges vêtements des personnages occupés à ensevelir les Apôtres indiqueraient que la cérémonie ne s'accomplit pas religieusement mais secrètement et de nuit ; d'un autre côté, la présence des Anges avec leurs couronnes et des soldats avec leurs épées indique de diverses manières les raisons qui motivaient cette conduite, c'est-à-dire la persécution qui sévissait alors. Nous pouvons donc conclure en disant que c'est là en quelque manière une confirmation de notre thèse.

Mais nous pouvons encore invoquer une preuve, et celle-là mérite d'être prise en considération. Elle consiste dans les documents archéologiques fournis par les lieux mêmes où la tradition veut que les Apôtres aient été inhumés. Nous consacrerons un autre chapitre à l'étude de cette preuve. Qu'il nous suffise de dire ici que, tandis que la version des deux translations distinctes est corroborée par l'existence de deux tombes séparées, l'une datant incontestablement du Ier siècle et l'autre du IIIe siècle ; d'un autre côté, cette même version doit se modifier quelque peu si l'on considère que la deuxième tombe n'appartient pas à l'époque du milieu du IIIe siècle, comme nous l'aurions pensé, mais aux premières années de ce siècle. Il semblerait résulter de là que la tombe n'a pas été préparée primitivement en 258, lorsque l'enlèvement des corps fut décidé en dernier lieu. La construction de la *Platonia* doit avoir eu un autre motif que la persécution de Valérien. Il nous paraît bien, sans que nous puissions affirmer notre certitude à ce sujet, que l'on peut trouver ce motif dans la crainte de voir la tombe de S. Pierre détruite par Héliogabale, alors que celui-ci désirait construire une nouvelle piste pour la course d'éléphants. Car il semblerait que, lorsqu'on a construit la *Platonia*, la première idée a été non pas d'y déposer seulement les restes de S. Pierre, mais aussi ceux des douze papes qui lui avaient succédé, et qui avaient été à tour de rôle ensevelis près de lui au Vatican. Et il semble même que cet endroit était réservé à ce moment-là à la sépulture des papes à venir. Nous nous en rendrons mieux compte lorsque nous étudierons la question archéologique. Quoi qu'il en soit et suivant toutes les probabilités, cette crypte, une fois construite, ne fut pas utilisée. Probablement Héliogabale changea d'avis ou modifia le tracé de sa piste et ainsi fut écarté le danger que l'on redoutait. La tombe de S. Pierre demeura intacte et les papes suivants furent inhumés, non pas dans les tombeaux préparés pour eux à la *Platonia*, mais dans la crypte papale de Saint-Callixte. Puis, en l'an 258, survinrent la persécution de Valérien et la mise hors la loi des cimetières, et c'est pourquoi les corps de S. Pierre et de S. Paul (et non, comme on en avait d'abord l'intention, celui de S. Pierre seulement), furent transportés et cachés tous les deux dans les Catacombes, « dans une excavation souterraine », sous la *Platonia*, près de l'endroit déjà consacré par leur précédent séjour, jusqu'au moment où la paix régna en l'an 306. Alors, dès que cela fut possible, ils furent enlevés par Lucine et Marcel et mis dans les tombes qu'ils occupent encore et sur l'emplacement desquelles furent construites, à une date postérieure, les grandes basiliques de Saint-Pierre et de Saint-Paul.

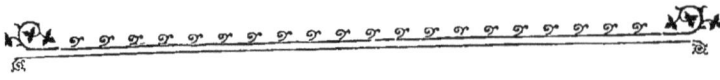

CHAPITRE II.

LES PREMIÈRES TOMBES SUR LA VOIE APPIENNE
ET SUR LE VATICAN.

Si les conclusions du chapitre précédent sont acceptées, il s'ensuit que nous devons chercher la première tombe de S. Pierre, non pas sur le Vatican, mais à Saint-Sébastien. C'est dans ce but que furent entreprises, en 1892-93, des fouilles qui amenèrent d'importantes découvertes. En dehors de la *Platonia* elle-même et séparée de celle-ci par un mur qui forme son côté droit, existe un emplacement qui, jusqu'à ces derniers jours, avait été considéré comme un simple vestibule dépendant de ce monument. En déblayant cet emplacement, on mit à jour un mur avec une porte et deux pilastres en marbre rouge, dont les détails dénotent un ouvrage du Iᵉʳ siècle. On crut d'abord que c'était là l'entrée primitive de la *Platonia*, mais on s'aperçut bientôt du contraire et l'on reconnut que c'était un appartement séparé dont la porte donnait accès sur l'espace libre au-dessus duquel est actuellement construite la *Platonia*. De nouvelles recherches prouvèrent que c'était là un ancien sépulcre, au centre duquel on trouva, soigneusement enfoui dans la terre, un grand sarcophage en marbre, de dimensions suffisantes pour contenir deux corps. Le sarcophage était vide de restes humains, mais rempli de terre et de débris, et de larges morceaux de plaques de marbre, qui évidemment devaient primitivement le recouvrir, comme le prouvait un petit fragment encore fixé à sa place dans un coin. On pouvait également voir là, sur le sol près du sarcophage, un petit fragment de la mosaïque qui devait former le pavé original ; elle était composée de petites pièces de marbre blanc et vert, arrangées, pour la plupart, en figures géométriques, à l'exception d'un dessin représentant un oiseau. On trouva aussi une petite statue représentant la figure d'un homme voilé. D'autres fouilles faites à l'entrée, firent découvrir un escalier de quatre degrés, y donnant accès et prenant naissance sur une enceinte pavée en dalles polygonales de lave basaltique. Des débris de plâtre portant des traces de peinture à la fresque et ayant servi à la décoration des murs, ainsi que tout ce qui restait du tombeau, permirent d'attribuer sa date au Iᵉʳ siècle. C'est là évidemment une découverte d'une grande importance. D'après les données que nous avons

déjà, nous avons conclu que les corps des deux Apôtres furent
ensevelis, immédiatement après leur martyre, dans une tombe à
Saint-Sébastien. Voilà maintenant que nous trouvons, précisément
à l'endroit fixé par la tradition, une tombe du Ier siècle, préparée
pour deux corps, occupée anciennement, mais actuellement vide,
et qui évidemment était en grande vénération parmi les chrétiens
du commencement du IIIe siècle, à l'époque où la *Platonia* fut
construite. Il paraît difficile de méconnaître que nous avons ainsi
retrouvé le tombeau dans lequel furent primitivement ensevelis les
deux Apôtres et nous avons les éléments suffisants pour nous permettre de reconstruire le monument et de nous retracer son état
primitif. L'enceinte pavée qui précédait le monument nous dit, à
première vue, qu'il occupait une voie transversale ou un sentier
prenant naissance sur la Voie Appienne. Dans ce cas, ce devait
être une construction d'un seul étage entièrement construit au-dessus
du sol, prenant accès sur la route par un escalier à quatre degrés
et au moyen d'une porte avec piliers en marbre. Pourtant, comme
le niveau de ce monument est très bas, qu'il est actuellement bien
au-dessous du sol, dans un endroit où ce sol n'a pu subir qu'une
légère dépression, il paraît plus probable que l'enceinte n'était
pas une continuation d'une avenue ou d'un sentier, mais simplement
une cour et que le tombeau était souterrain, pour une partie au
moins. Le sarcophage était creusé au centre de cette cour ornée
de mosaïques et était recouvert de plaques de marbre, empruntées
probablement à un autre monument. Les murs intérieurs étaient
enduits de plâtre et décorés de fresques. Suivant toutes probabilités,
la tombe était la propriété de quelque chrétien de cette époque,
destinée à recevoir sa dépouille mortelle et celle de sa femme, et
il en avait fait don à l'église pour y déposer les restes des deux
grands martyrs, placés au sommet de la hiérarchie chrétienne. Il
n'avait pas été difficile de se procurer leurs corps après l'exécution.
Il est vrai que plus tard, cette faveur fut toujours refusée aux
chrétiens et, au contraire, toutes les mesures furent prises pour les
mettre dans l'impossibilité de recueillir les corps des martyrs.
Mais alors il n'en était pas de même. Les lois romaines prescri-
vaient de remettre les corps des personnes mises à mort à ceux
de leurs amis qui en feraient la demande [1] ; et c'est sans doute en
vertu de cette latitude que S. Joseph et Nicodème purent prendre
possession du corps de Notre-Seigneur. Les usages païens, à cette
époque, étaient de brûler les corps, mais la coutume juive était de

---

1. *Dig.*, XLVIII. 24, 2. « Corpora animadversorum quibuslibet petentibus ad sepul
turam danda sunt. »

les ensevelir et cette coutume s'était répandue aussi dans l'Église,
qui l'a toujours respectée. Dans les ouvrages des Pères de l'Église,
nous trouvons un grand nombre de passages qui nous permettent
de connaître les usages funéraires aux premiers siècles, et ce que
nous savons par là se trouve confirmé par la découverte de bien
des corps ensevelis alors et très bien conservés jusqu'à notre époque.
La première opération consistait dans un soigneux lavage auquel
fait allusion le Nouveau Testament [1]. Le corps était ensuite enveloppé
d'un linceul de lin et embaumé ; mais non pas suivant la mode
égyptienne, qui comportait l'emploi d'incisions et l'enlèvement de
certains organes intérieurs : le cadavre était simplement recouvert
de myrrhe et d'épices, qui devaient avoir un effet préservatif. Fina-
lement il était serré dans une longue bande de lin qui recouvrait
absolument tout le corps, de telle sorte qu'aucune partie, pas même
la tête, n'était visible, les bras étant croisés sur la poitrine ou al-
longés de chaque côté du corps [2]. Des corps embaumés de cette
manière et qui étaient probablement ceux des premiers successeurs
de S. Pierre, furent encore trouvés en parfait état de conservation
en 1626, mais une fois exposés à l'air, ils tombèrent en poussière [3].

La persécution de l'Église ne se prolongea pas après la mort de
Néron, en juin 68. Il ne semble pas, cependant, que les édits contre
les chrétiens aient jamais été formellement révoqués et Tertullien
paraît dire qu'il y eut exception, à leur égard seulement, dans
l'abrogation prononcée par le Sénat des actes du tyran [4]. Quoi qu'il
en soit, il est certain que, durant les trente années qui suivirent la
mort de Néron, et quelle que fût d'ailleurs leur situation légale,
les chrétiens furent relativement tranquilles. Durant les règnes de
Galba et d'Othon, de Vespasien et de Titus, et même vers la fin de
celui de Domitien, l'histoire de la vie de l'Église chrétienne à
Rome n'a été, que nous sachions, troublée par aucun acte de persécution. Elle put grandir et se développer sous l'heureux régime
d'une paix complète, qu'elle ne connut plus durant plusieurs années. Il est donc possible qu'environ un an après la persécution
de Néron, la sépulture des deux Apôtres se soit faite dans des conditions plus convenables que précédemment. C'est pourquoi il
semble que, dès la mort de Néron, les chrétiens prirent toutes leurs
dispositions pour préparer aux deux Apôtres deux tombes séparées,

1. *Actes*, IX, cf. Tertull., *Apol.*, c. 42.
2. Voici, pour les allusions à ces cérémonies des ensevelissements chrétiens, *inter
alia*, Tertullien, *Apol.*, c. 42 et *De Anima*, 20 ; S. Jérôme, *Epist.*, 40, ad *Innocentium*;
Prudentius, *Hymn.*, X.
3. *Infra.* p. 323.
4. Tertullien, *Ad nat.*, I, 7.

aussi près que possible des lieux respectifs de leur martyre. La construction de ces tombes, c'est-à-dire, suivant toute vraisemblance, de deux caveaux, presque entièrement souterrains, auxquels ne correspondait aucune construction au-dessus du sol, dura jusqu'en l'année 69, soit un an et sept mois après leur martyre ; et, alors, comme nous le lisons dans le récit de ces événements, connu sous le nom de *Passio SS. Apostolorum Petri et Pauli* [1], les corps furent transportés du tombeau de S. Sébastien à leurs sépulcres respectifs, au milieu de grandes solennités « *cum gloria hymnorum* ». A première vue, ce détail semble apocryphe, comme si le compilateur avait arrangé des faits accomplis dans le Ier siècle, à l'instar de ce qui pouvait se passer au Ve ou au VIe siècle, mais en réfléchissant, nous sommes amenés à accepter cette version comme exacte. En effet, l'Église jouissait alors d'une ère de paix, et une cérémonie de ce genre était très possible. Et pour nous convaincre que cela non seulement était possible, mais est même probable, nous n'avons qu'à nous reporter à la narration de l'enterrement de S. Cyprien [2], dont le corps fut transporté en procession, au son des hymnes et à la lueur des torches, au sépulcre qui lui était destiné, et cela malgré une cruelle persécution et alors que l'accès des cimetières était interdit. Il nous est possible de déterminer, non seulement en quelle année et à quel mois la translation eut lieu, mais même d'indiquer le jour, car le jour du 22 février, consacré actuellement à la fête de la Chaire de S. Pierre, n'avait pas cette application dans les vieux calendriers, mais correspondait à la fête de la Déposition de S. Pierre et de S. Paul. Il est donc probable que le jour primitivement fixé comme l'anniversaire de la translation des reliques de S. Pierre, fut ensuite choisi pour la fête de la Chaire.

Puisque des fouilles récentes nous ont permis de reconstituer le premier tombeau de S. Pierre aux Catacombes, nous devons naturellement nous demander si nous avons quelques données qui nous fixent sur la seconde et définitive demeure où il repose. Ce tombeau se trouve actuellement à une assez grande profondeur au-dessous du maître autel de l'église de Saint-Pierre, et personne, depuis plusieurs siècles, ne l'a vu, de telle sorte que, comme aucune description contemporaine ne nous en est restée, il nous serait à peu près impossible d'en conjecturer la forme, si nous n'avions quelques mesures, citées pour ainsi dire accidentellement dans le *Liber Pontificalis*, au sujet de l'ornementation par Constantin de la tombe

---

1. Déjà cité plus haut, page ....
2. Ruinart, *Acta S. Cypr.*, p. 219 « Cum cereis et s:colacibus cum voto et triumpho magno ».

LA SÉPULTURE DES APOTRES AUX CATACOMBES. (Une fresque, autrefois dans l'ancienne Église de St-Pierre.)

Le Tombeau de Saint Pierre.

de S. Pierre [1]. Le chroniqueur nous explique comment Constantin
orna le *loculus*, ou le sarcophage, dirons-nous nous-mêmes, avec
des bronzes de Chypre et plaça sur le couvercle une croix en argent;
et il continue, d'une façon assez obscure : « Il est entièrement fixe
et solide, cinq pieds à la tête, cinq aux pieds, cinq à droite, cinq
à gauche, cinq au-dessus, cinq au-dessous.» C'est une chose étrange
que personne, après tant de centaines d'années écoulées, n'ait pu
parvenir à comprendre ces paroles et à en donner une explication
quelque peu simple et claire. Presque tous les écrivains qui ont
traité ce sujet, nous disent, les uns après les autres, que le corps
de S. Pierre est dans un réceptacle en bronze, mesurant cinq pieds
dans chaque sens. Mais, d'abord, le chroniqueur ne nous dit pas
que Constantin fit un nouveau réceptacle en bronze, mais qu'il recouvrit l'ancien et, évidemment, un cube de cinq pieds ne représente pas des dimensions naturelles pour un ancien sarcophage.
Ensuite, s'il eût voulu désigner simplement un cube, il n'avait pas
besoin de nous donner six dimensions ; il suffisait de trois, et cela
aurait été beaucoup plus clair ; cinq pieds en hauteur, en largeur et
en longueur. Ce qu'il a voulu réellement dire, c'est sans doute que le
sarcophage occupait le centre exact de la pièce et qu'il existait un
espace d'environ cinq pieds dans chaque direction entre le sarcophage et les murs. Sa partie supérieure était aussi à cinq pieds
au-dessous du plafond et il était supporté par un piédestal, à cinq
pieds de hauteur.

L'important pour nous, c'est que nous avons ainsi la mesure
approximative du caveau où repose S. Pierre, cinq pieds dans
chaque direction à partir du sarcophage ; en attribuant à celui-ci
sept pieds sur chaque face, ce qui lui donne des dimensions très
normales, nous obtenons la grandeur intérieure du caveau : dix-
sept pieds sur quatorze de hauteur, ce qui représente une surface
très admissible pour une pareille construction. Du reste, comme
nous le verrons plus tard, ces mesures qui, par ailleurs, n'auraient
pas d'autre intérêt que de fournir des matériaux à d'ingénieuses
recherches, nous permettent de tracer le plan des murs qui existent
encore sous l'autel de S. Pierre. En tous cas, il est utile d'avoir
d'autres preuves à invoquer pour affirmer l'existence de ces murs
en cet endroit.

L'usage, à Rome, était de placer les tombes de ce genre de
manière à ce que les côtés les plus longs formassent un angle
droit avec l'avenue sur laquelle ils s'élevaient et de percer l'entrée

---

1. *Liber Pontificalis*, I, p. 176.

sur le côté qui était le plus rappproché de l'avenue. Le but était
d'empiéter aussi peu que possible sur l'avenue et de laisser le plus
d'espace possible pour les autres tombes. Dans le cas présent,
c'était l'inverse qui s'était produit. Les détails et les mesures que
nous avons indiquées prouvent d'une manière évidente que le côté
le plus long de la tombe de S. Pierre était parallèle à la route
et aux murs du cirque de Néron, situé de l'autre côté de la route.
La tête était tournée du côté du Vatican et dans le sens opposé
à la ville. En d'autres termes, la tête de S. Pierre est à l'Ouest
et ses pieds à l'Est. Cela ressort de la direction dans laquelle fut
plus tard construite l'église, car il semble que dans le commencement du IVe siècle, il était de règle invariable que l'église construite sur l'emplacement où reposait le corps d'un Saint suivît la
direction de ce corps, dont la position était toujours respectée,
même lorsque l'église ne pouvait être construite dans ces conditions
qu'au prix des plus grandes difficultés, et non sans avoir été peut-
être réduite parfois à de très petites dimensions, comme c'est le
cas pour Saint-Paul, Sainte-Agnès et Saint-Laurent. La première
église construite par Constantin sur la tombe de S. Paul nous donne
un exemple frappant de cette coutume. S. Paul fut enterré près
de la Voie d'Ostie, les pieds tournés probablement vers l'avenue.
Conséquemment, en respectant cette direction, on n'eut que la
place suffisante pour élever un oratoire, tandis que si l'on n'avait
pas tenu à respecter cet usage, il eût été facile de construire une
grande église en lui donnant une des trois autres directions. A la
fin du IVe siècle, cinquante années plus tard, la première église de
petites dimensions fut démolie et une église nouvelle et plus grande
fut construite dans la direction opposée. Par conséquent, puisque
la règle fut respectée pour l'église de Saint-Paul, en dépit des
inconvénients qui en résultaient, nous pouvons en conclure qu'il
en fut de même pour celle de Saint-Pierre, puisque les mêmes inconvénients ne se présentaient pas pour celle-là, et que la tête de
S. Pierre correspond à la direction de l'abside du monument. Ce
même fait nous est prouvé d'une façon irréfutable par la manière
dont s'exprime un pèlerin du VIIIe siècle, alors que le tombeau était
accessible: « en passant par la crypte, dit-il, on arrive du côté de
la tête de S. Pierre [1] ».

L'entrée primitive du caveau était incontestablement sur le bord
de l'avenue afin de faciliter l'accès. C'est là un point très important
pour le cas où l'on ferait plus tard des fouilles dans le but de

1. De Rossi, *Inscr. chr.*, II, p. 226.

retrouver les corps. Il n'existe pas la moindre trace d'une entrée quelconque du côté Est, actuellement réservé à la Confession, et des fouilles exécutées en cet endroit ne conduiraient qu'au mur du caveau. On entrait probablement du côté du Sud, puisque c'était l'endroit où se trouvait l'avenue, et il existe encore à cette heure des vestiges de cette entrée, comme nous allons le prouver, vestiges que personne n'a remarqués jusqu'à ce jour, probablement parce que, chose étrange, nul n'a encore songé à chercher l'entrée de ce côté, les recherches ayant toujours été dirigées du côté de l'Est.

Comme un autre étage a été ajouté après coup, il semblerait que le caveau était primitivement souterrain et qu'on y accédait par un escalier de pierres à pente raide : c'était le cas pour d'autres tombeaux similaires. Les fouilles accomplies en 1635 ont permis de découvrir des vestiges de travaux destinés à faciliter l'écoulement des eaux pluviales qui auraient, sans cette précaution, séjourné sur le sol.

Tel était le tombeau ou le caveau préparé pour recevoir le corps de S. Pierre dans le sarcophage central, au début de l'année 69. Il ne pouvait contenir qu'un petit nombre de pèlerins, et son accès n'était pas commode. On dut s'en apercevoir dès les premières années, lorsque, par suite de la cessation des persécutions et de l'accroissement rapide du nombre des chrétiens, cette tombe fut visitée, on peut bien le comprendre, par une multitude sans cesse croissante de fidèles, surtout au jour anniversaire du martyre. C'est ce qui détermina le pape Anaclet à construire une *memoria* ou étage supérieur, au-dessus de la tombe servant de petite église où le Saint Sacrifice pût être célébré, comme l'indique le *Liber Pontificalis* [1]. Nous n'en avons d'autre témoignage que ces simples mots : « Il arrangea et construisit la *memoria* de S. Pierre » ; mais étant donné que les murs qu'il fit construire semblent encore debout et que la *memoria* est en partie accessible dans la basilique actuelle, nous pouvons nous rendre assez bien compte du genre de construction qu'il édifia. Il paraît s'être borné à relever quelque peu les murs du caveau existant pour arriver à former ainsi au-dessus du dit caveau une construction ayant les mêmes dimensions et au niveau du sol. Quant à la hauteur, il est impossible de la fixer exactement, car nous n'avons aucune donnée sur le plafond qui fut enlevé, apparemment, par Constantin, lorsqu'il fit élever le grand autel de la basilique. Nous pouvons cependant calculer

---

1. *Liber Pontificalis,* I, p. 125, « memoriam beati Petri construit et composuit. »

que cette hauteur n'avait pas moins de quatorze ou quinze pieds à l'intérieur. Voici comment nous obtenons cette mesure. Le sommet de la niche qui existe actuellement sous l'autel, correspond au plafond de la construction supérieure. De ce point au bas de la niche telle qu'elle existait anciennement, il y a environ sept pieds. Or S. Grégoire le Grand, dans une de ses lettres [1], parle d'un certain ouvrage, apparemment élevé sur ce parquet, comme distant de quinze pieds de S. Pierre. D'un autre côté, nous pouvons admettre que du temps de S. Grégoire, le sarcophage de S. Pierre était élevé de cinq pieds au-dessus du sol du caveau ; en donnant quatre pieds à la hauteur du sarcophage, nous obtenons une élévation totale de neuf pieds au-dessus du sol du caveau, auxquels il faut ajouter, premièrement les quinze pieds dont parle S. Grégoire, puis les sept pieds de hauteur de la niche. Cela fait un total de trente et un pieds du sol du souterrain au plafond de la *memoria* et, comme nous avons déjà vu que le caveau avait quatorze pieds de hauteur, nous trouvons que la hauteur de la *memoria* est de quinze pieds, en déduisant de la hauteur totale les quatorze pieds du caveau et deux pieds pour l'épaisseur du plafond. Cette hauteur nous paraît très normale. Il est facile de comprendre que l'entrée dans la partie supérieure ne pouvait être ménagée au-dessus de la porte d'accès dans le souterrain, à cause des degrés d'escalier, établis pour y descendre. Il semblerait qu'il y avait deux entrées, une à l'Est, l'autre à l'Ouest, au milieu de chacun des deux côtés les plus courts et cette supposition semble aussi très logique. Il y avait certainement une entrée à l'Ouest, dans les années qui suivirent la construction du monument, entrée qui, évidemment, avait pu être ménagée à une époque postérieure à la construction. En outre, l'arrangement des cercueils, découverts dans les fouilles de la Confession, semble dénoter l'existence d'une autre entrée à l'Est. Lorsque les murs extérieurs de cet édifice furent mis à découvert en 1626 [2], on trouva sur ces murs des restes d'ornements en stuc, dont l'examen convainquit les personnes qui firent cette découverte que ce monument avait toujours été en grande partie souterrain. Il semble qu'elles ne se rendirent nullement compte de la nature du monument et qu'elles supposèrent, d'après son aspect, que c'était un petit temple païen.

Quant à préciser l'époque à laquelle la partie supérieure de la tombe fut construite, ce n'est pas chose aisée. Ce serait se heurter aux difficultés qui se présentent dans l'histoire de la succession des

---

1. Greg. Magn., *Epist.*, IV, 2, 20 ad Constantinam, ed. Ewald, p. 264.
2. *Infra*, p. 334, 10

premiers papes. Bornons-nous à dire que c'est aux environs de l'an
70 ou de l'an 90. Après cette dernière date, la persécution éclata
de nouveau, et rendit sans doute impossibles les travaux supplé-
mentaires. Le monument demeura donc, à très peu de chose près,
tel qu'il était au début, jusqu'au moment où la paix régna de
nouveau dans l'Église, soit en l'an 312. C'est donc à ce monument
que faisait allusion le prêtre Caïus lorsqu'il invoquait, aux environs
de l'an 210, contre les hérétiques de l'époque, l'existence des monuments visibles des Apôtres que possédait l'Église catholique.
« Je puis vous montrer les trophées des Apôtres, si, soit que vous
alliez au Vatican ou sur la Voie d'Ostie, vous pourrez voir les monuments élevés par l'Église en leur honneur. »

Saint Anaclet fit non seulement élever la construction supérieure
ou *memoria*, mais il prépara encore auprès du corps de S. Pierre
des tombeaux destinés à lui-même et à ses successeurs. S. Lin,
successeur immédiat de S. Pierre, reposait déjà, semble-t-il, un peu
à l'Est et tout près de la route. C'est là que fut probablement découvert son tombeau dans le XVIe siècle, comme nous le verrons
plus tard [1]. Quant aux tombes préparées par S. Anaclet, il semble
qu'elles aient été disposées tout près de celle de S. Pierre, qu'elles
entouraient de telle manière que lorsqu'on les ouvrit, à la suite des
fouilles de 1626, il parut à ceux qui les virent, qu'elles formaient
pour ainsi dire une escorte, comme des évêques assistant à un concile ou à un synode [2]. On peut voir figurer quelques-unes de ces
tombes sur le plan des cryptes, dressé à l'époque par Drei, et reproduit en 304. Tous les papes morts à Rome jusqu'au commencement du IIIe siècle, alors que la crypte papale de Saint-Calixte
était déjà construite, furent ainsi ensevelis autour de S. Pierre.

Au commencement du IIIe siècle et un peu avant que S. Calixte
n'entrât en possession du grand cimetière qui porte maintenant son
nom, de grandes modifications furent faites auprès de la tombe de
la Voie Appienne où reposèrent primitivement les corps de S. Pierre
et de S. Paul. Nous pouvons, grâce aux fouilles, déjà mentionnées,
de 1893, connaître exactement la nature de ces modifications [3]. Il
existait déjà dans une cour pavée, on ne l'a pas oublié, un caveau
sépulcral où l'on descendait au moyen de quatre marches. Contre
un des murs de ce monument et sur le pavé de la cour, on avait

1. *Infra*, p. 310
2. *Infra*, p. 337.
3. Voir pour les résultats des fouilles, Armellini, *Cimiteri Cristiani*, p. 752 et un
article de Lugari dans le *Bessarione*, n°s 17-18. Il faut aussi lire l'ouvrage de Mgr de
Waal.

construit un édifice demi-circulaire et très élevé. Cette nouvelle construction, que nous connaissons sous le nom de *Platonia* et qui a conservé son premier aspect, communiquait avec la tombe primitive au moyen de trois arceaux, celui du centre plus élevé que les deux autres. De plus, l'entrée ouverte actuellement sur l'extérieur, passait directement dans cette nouvelle construction de manière à former un vaste vestibule conduisant à la tombe primitive. Autour de la partie circulaire de ce vestibule, étaient élevées douze *archisolia* ou tombes avec arceaux, chacune d'elles préparée pour recevoir douze corps. Tous ces travaux remontent, d'après les juges les plus compétents, à la fin du IIe siècle ou au début du IIIe [1], et grâce à la quantité de spécimens d'ouvrages avec lesquels on peut les comparer, il est facile de se prononcer sur l'époque de ceux qui nous intéressent actuellement. Dans le cas actuel, nous pouvons invoquer, en plus du style général du monument, deux autres preuves qui nous amènent à la même conclusion. Ce sont, premièrement, quelques tuiles marquées d'une empreinte et paraissant dater des dernières années du IIe siècle ; et, secondement, un *graffito*, ou inscription grossière, fixée sur le plâtre encore humide et mentionnant les noms de ceux qui ont exécuté ces travaux. *Musicus cum suis laburantibus. Ursus Fortunio Maximus Eus.* Un fac-similé de cet intéressant *graffito* a été publié par Mgr Lugari dans le *Bessarione* (1898, n° 17). La forme classique des noms et le style des lettres appartient à une époque qui n'est pas postérieure aux premières années du IIIe siècle.

Cherchons maintenant quel est le motif qui a inspiré la construction de ce monument. Nous savons qu'il fut utilisé en l'an 258 pour la réception des corps de S. Pierre et de S. Paul, lorsque la mise hors la loi des cimetières existants avait fait sentir aux chrétiens la nécessité absolue de trouver un lieu sûr pour y déposer ces précieux restes. Mais ce n'est pas là qu'il faut chercher la cause initiale de ce travail, car nous ne pouvons admettre qu'il n'ait été exécuté que l'an 258. Mgr Lugari rappelle à propos à ce sujet le passage de Lampridius, déjà cité dans le chapitre précédent, et qui nous parle des tombes détruites au Vatican par Héliogabale pour l'installation d'un champ de course ; et il pense que le corps de S. Pierre fut alors réintégré dans son premier tombeau, et que les restes des papes enterrés auprès de lui au Vatican, furent transportés dans la nouvelle *archisolia*, où l'on avait aussi réservé

---

1. C'est là l'opinion de De Rossi, Armellini, Duchesne, Lanciani, Lugari, etc. Voir particulièrement De Rossi, *Roma sott.*, I, 193,

la place des douze papes suivants. Il pense aussi que le corps de
S. Paul fut mis au même endroit, mais seulement en l'an 258, à
la suite de la persécution de Valérien.

Malgré sa vraisemblance, nous voyons plusieurs objections à
cette théorie. En premier lieu, nous n'avons aucune preuve que la
tombe de S. Pierre ait jamais été en danger. Lampridius nous parle
tout simplement de quelques tombes détruites sur le Vatican, mais
il ne précise pas en quel endroit exact. En second lieu, nous savons
que d'autres tombes près de celle de S. Pierre ne furent pas détruites,
car plusieurs tombes païennes, antérieures à Héliogabale, furent
découvertes au cours des excavations faites pour la nouvelle basilique. Troisièmement, prétendre que les papes enterrés autour de
S. Pierre ont subi une translation quelconque, c'est une simple
supposition, absolument contraire au peu que nous savons. Le fait
n'est nullement indiqué ; le *Liber Pontificalis* dit que le corps de
S. Pierre a été ramené à la place où étaient les corps des évêques
et les corps de ces évêques semblent avoir été découverts dans les
fouilles du XVII° siècle. Enfin, cette théorie entraîne un autre transfert du corps de S. Pierre de l'ancienne tombe de la Voie Appienne
à la nouvelle tombe, située tout près de celle-là, au centre de la
Platonia, et rien n'indique un fait de ce genre.

Une autre théorie beaucoup plus simple peut s'émettre et, tout
en ne donnant pas lieu à ces objections, elle s'adapterait bien aux
circonstances. Nous pouvons admettre que, vers le commencement
du III° siècle, les sarcophages préparés par S. Anaclet pour ses
successeurs, étaient tous utilisés. Du fait que des tombes païennes
ont été trouvées à Saint-Pierre même, nous pouvons conclure que
l'espace de terrain propice pour l'ensevelissement des chrétiens au
Vatican était très restreint et que la nature du sol ne permettait pas
de nouvelles excavations à un niveau inférieur, comme dans les
Catacombes. Il a donc bien pu se faire qu'il manquât la place
nécessaire pour y déposer d'autres corps, sans troubler le repos
de ceux qui y étaient déjà ensevelis. Or, comme presque tous ces
corps étaient ceux de martyrs, il est permis de supposer que
S. Zéphyrin, qui était pape à ce moment-là, n'aurait pas donné
aisément l'autorisation nécessaire pour toucher à ces restes précieux. Il devenait donc nécessaire de préparer ailleurs un lieu de
sépulture pour les futurs papes ; et puisqu'il n'y avait plus de place
vacante auprès de S. Pierre, quel choix plus heureux pouvait-on
faire que celui de l'endroit consacré par la présence passagère de
ses restes ? Voilà pourquoi la *Platonia* fut préparée à Saint-Sébas
tien, pour devenir la crypte papale, et mise en communication avec

le sépulcre où avait jadis reposé S. Pierre. Ces travaux furent
entrepris dans la vue d'y ensevelir vingt-quatre papes futurs, mais
aucun d'eux n'y fut déposé; car, juste à ce moment, l'église fut
mise en possession d'un lieu d'ensevelissement, situé sur la Voie
Appienne et connu actuellement sous le nom de Catacombe de
Saint-Calixte, et c'est là que fut construite une nouvelle crypte papale. Là on ensevelit S. Zéphyrin lui-même, l'an 220 et plusieurs de
ses successeurs jusqu'à l'époque de la persécution de Dioclétien, à la
fin du siècle, époque où ce cimetière passa dans les mains des persécuteurs, ce qui motiva la troisième série de tombes papales entreprise dans les Catacombes de Sainte-Priscille. Il est bon de remarquer en passant, qu'il ne paraît pas que jamais il siot venu à l'idée
de quelqu'un d'ensevelir les papes auprès de la tombe de S. Paul sur
la Voie d'Ostie. Cela nous montre que, si l'on choisit pour ce lieu
de sépulture d'abord le Vatican, et si ensuite la *Platonia* fut construite probablement dans le même but, c'est non parce que S. Pierre
était apôtre, mais parce qu'il était pape. C'est là un point intéressant
et assez important qui peut avoir un certain poids dans les contro-
verses que fait surgir la question de la succession des premiers
papes.

Environ vers le milieu du III° siècle, les cimetières des chrétiens
étaient respectés et profitaient de la tolérance que les lois romaines
étendaient à tous les lieux de sépulture, assurant ainsi le libre
exercice des cérémonies et services religieux, défendus ailleurs.
En fait, les chrétiens eux-mêmes faisaient probablement enregistrer
ces lieux de sépulture sous le nom de *collegia* [1], ainsi qu'ils les
appelaient, et par là ils jouissaient des grandes immunités et des
précieux privilèges consacrés par la loi. Mais, en 258, sous Valérien, tous ces avantages furent supprimés pour la première fois.
Les termes exacts de l'édit ne nous sont point parvenus, mais Eusèbe [2] rapporte qu'il fut alors interdit aux chrétiens d'utiliser les
cimetières comme lieux de réunion, mesure déjà imposée à peu
près un demi-siècle plus tôt à Carthage par la clameur publique [3].
Dès lors, il devenait impossible aux fidèles, sans s'exposer aux plus
grands dangers, de visiter les tombes des martyrs, et surtout des
plus connues, tels que de S. Pierre et de S. Paul. C'est peut-être
pour cela, ou plus probablement par la crainte de voir les persécuteurs en arriver à souiller les reliques des saints, que les chré-

---

1. Armellini, *Antichi cimiteri cristiani*, p. 66 *sqq.* Voir aussi Brownlow et Northcote,
Roma sotterranea, I, 64, 104.
2. Eusebius, *Hist. Eccl.*, VII, 11.
3. Tertullien, *Apolog.*, 37; et *Adv. Scap.* « Areae non sint. »

tiens résolurent de choisir une sépulture plus sûre, et c'est pourquoi eut lieu la même année 258 la translation accomplie sous les consuls Tuscus et Bassus. Il y aurait eu de graves difficultés à faire cette translation après la promulgation de l'édit mettant les cimetières chrétiens hors la loi ; il est donc plus probable que les chefs de l'Église, ayant quelques soupçons des mesures qui se préparaient, chose assez facile à admettre, prirent les dispositions nécessaires pour mettre en sûreté, tandis que c'était encore possible, les reliques des Saints.

Pourtant à Saint-Sébastien, elles ne furent pas réintégrées, comme on aurait pu s'y attendre, dans leurs tombes primitives. Probablement l'endroit parut trop public ou trop bien connu, mais dans tous les cas il ne fut pas choisi et un nouveau sépulcre fut creusé dans ce but au centre de la *Platonia*, située près de là. Ce sépulcre qui, mieux que la construction qui l'entoure, a droit au nom de la *Platonia*, existe encore et se trouve placé sous l'autel qui, maintenant, occupe le centre de la crypte. Il n'est pas accessible à tout le monde, mais il a été examiné avec soin par le Père Marchi, S. J., au milieu du XIXe siècle et de nouveau par Mgr de Waal et d'autres en 1892 et 1893. C'est une pièce carrée, mesurant environ huit pieds sur chaque côté, à voûte cylindrique; la partie supérieure est à huit pieds et trois pouces au-dessus du sol, la voûte est de construction postérieure à celle de la tombe. Deux dalles de marbre, séparées l'une de l'autre par une troisième qui leur est perpendiculaire, forment un grand sépulcre double où l'on pensait placer côte à côte les sarcophages des Apôtres. Mgr Lugari nous démontre par un argument ingénieux que ce tombeau fut creusé après la construction de la crypte [1]. Il fut nécessaire, pour arriver à donner à la tombe la profondeur voulue, d'enlever quelques-unes des pierres polygonales de nature volcanique, dont nous avons déjà parlé, et qui pavaient la cour située devant la tombe primitive et placée au-dessous de la crypte plus récente de la *Platonia*. Ces pierres furent utilisées, on peut le voir encore à cette heure, dans la construction du mur de séparation qui ferme actuellement les deux arceaux, servant jadis de pavage entre les deux pièces. Ce mur est évidemment de date plus récente que les arches qu'il a fermées, mais cependant son mode de construction ne permet pas de lui donner une origine aussi récente que le IVe siècle. Nous arrivons donc à cette conclusion que le sépulcre fut creusé et le mur de séparation construit à une même époque, c'est-à-dire en-

1. *Bessarione*, n° 17, p. 324.

viron vers le milieu du IIIe siècle, soit, sans doute, en cette même année 258, qui, nous le savons par ailleurs, vit s'opérer la translation des corps. Dans le siècle suivant, la basilique de Saint-Sébastien fut construite par S. Damase et la *Platonia*, de même que l'ancienne crypte y attenant, furent ornées de peintures. En examinant la planche ci-contre, tirée d'après un croquis de Mgr Lugari, il est permis de suivre exactement la série quelque peu compliquée de ces opérations. Nous distinguons le sépulcre primitif du Ier siècle, creusé dans le sol et les trois arceaux, mettant la pièce primitive en communication avec la *Platonia*. La porte primitive est immédiatement sous l'arceau du centre et y correspond presque exactement. La maçonnerie qui obstrue cette porte d'entrée est moins régulière que celle qui existe du côté gauche et, sans doute aussi, que celle qui existe du côté droit, s'il était possible, pour celle-ci, de se rendre compte de la chose. Cette maçonnerie contient de grosses pierres qui furent extraites du sol quand on creusa la deuxième tombe. Les trois arches semblent avoir été murées à ce moment-là, en même temps que la tombe et la construction anciennes étaient remplies de terre jusqu'à une hauteur de quelques pieds et semblent avoir été ainsi dissimulées jusqu'en 1892, époque où elles furent de nouveau mises à jour. L'ouverture qui figure du côté gauche, paraît avoir été conservée jusqu'au dernier moment, afin de permettre d'enlever la terre et les pierres, alors que l'on creusait la nouvelle tombe, et afin d'y déposer les corps. Elle fut alors bouchée et toute communication avec la crypte où étaient les Apôtres fut supprimée, à l'exception d'une petite fenêtre, au centre, devant laquelle venaient sans doute prier les fidèles qui étaient dans le secret. L'arceau de droite fut déblayé une fois la persécution passée et devint le moyen naturel d'accès dans la *Platonia*, jusqu'au VIIe siècle, époque où une nouvelle entrée fut percée par le cardinal Borghèse, du côté opposé. Sans doute le secret de l'endroit où étaient cachées les reliques fut scrupuleusement gardé. Les autorités ne se doutèrent probablement jamais qu'on y avait touché, car les tombes chrétiennes du Vatican et de la Voie d'Ostie semblent avoir été rigoureusement surveillées par elles. Les fidèles de Rome savaient bien qu'elles avaient été enlevées et mises en lieu sûr, car nous n'avons aucun document mentionnant que quelques chrétiens aient été surpris auprès de ces tombes, mais il n'est guère probable que beaucoup de ces fidèles connussent l'endroit qui cachait les reliques des martyrs ; sans cela le concours de pèlerins eût éveillé les soupçons des autorités païennes et rendu inutiles toutes les précautions prises. Quant aux pèlerins étrangers, naturellement ils ignoraient tout ce qui s'était passé, et, supposant que les Apôtres étaient encore dans leurs tombes, c'est là qu'ils venaient prier, sans se soucier du danger qu'ils couraient, et c'et là que les païens les saisissaient pour les conduire immédiatement au martyre.

Pendant ce temps et durant les années terribles de la fin du III° siècle et du commencement du IV°, les corps des deux grands Apôtres reposèrent sous le sol de cette crypte murée et inaccessible, visités et honorés seulement par quelques rares fidèles. Ce n'est qu'en l'année 306 que l'horizon commença à s'éclaircir. Cette année-là, grâce à Maxence, la persécution eut un temps d'arrêt dans Rome et dans l'Occident, tout en continuant dans l'Orient. Dès lors on commence à discuter la possibilité de restituer les corps des Apôtres à leurs premières tombes. C'est là, peut-être, une nouvelle preuve que généralement les fidèles ne connaissaient pas leur retraite de Saint-Sébastien et qu'il leur était par conséquent impossible de vénérer les reliques comme ils l'auraient voulu.

Cette idée de reprendre possession de ces corps a d'abord préoccupé Ste Lucine, une riche matrone chrétienne que nous rencontrons souvent dans les histoires de cette période lorsqu'il s'agit de recouvrer et d'honorer les corps des martyrs. Elle alla trouver le pape Marcel et le rallia à ce projet. La manière dont cette tâche fut accomplie concorde bien avec les documents que nous avons de cette époque. Il ne s'agit plus maintenant de grandes processions ou de *gloria hymnorum*, comme pour les premières translations. La persécution avait cessé sans doute et n'était pas sur le point de sévir de nouveau, mais les cimetières confisqués n'avaient pas été rendus à l'Église. Le plus grand secret était nécessaire et tout fut accompli de nuit. C'est d'abord le corps de S. Paul qui fut enlevé. Lucine se chargea de l'opération et l'accomplit avec succès. Ce fut ensuite le tour du corps de S. Pierre. Cette fois, le pape lui-même assuma la responsabilité de la chose ; assisté de quelques prêtres du clergé de Rome, il prit le corps pendant la nuit et l'ensevelit au Vatican au milieu de tous les papes qui avaient succédé aussi bien aux fonctions qu'au martyre de S. Pierre. Aussitôt que l'heureuse nouvelle fut connue, ce sépulcre fut visité, c'est bien certain, par des milliers de chrétiens pour qui la vénération des reliques des Apôtres avait été jusqu'alors chose impossible, et aussi par quelques-uns qui avaient conservé le souvenir des dernières et cruelles persécutions de l'Église, alors que ces reliques étaient encore dans leur tombe et avant les quarante et quelques années durant lesquelles elles avaient été enlevées de ces tombes et cachées en un lieu secret.

Voilà l'histoire des vicissitudes de ces restes précieux durant les trois premiers siècles. C'est un singulier et heureux hasard qui nous a permis, tant d'années plus tard, de les suivre dans leur long voyage et de reconstituer une grande partie de leur histoire. Maintenant nous n'aurons plus à suivre ces reliques puisqu'elles n'ont plus été troublées dans leur repos, mais nous étudierons l'admirable développement de l'humble *memoria* dans laquelle nous les laissons jusqu'à ce qu'elle devienne cette magnifique église dont l'immense dôme abrite aujourd'hui ces lieux sacrés.

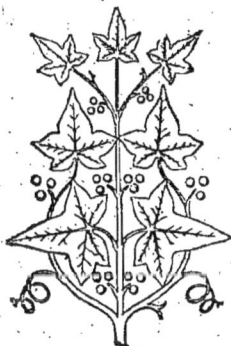

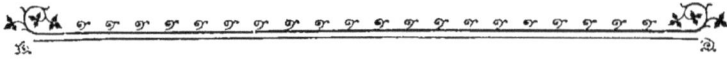

CHAPITRE III.

LA BASILIQUE DE S. PIERRE.

Durant les époques de persécution et alors même que cette persécution sévissait avec le plus de violence, les chrétiens de Rome avaient la faculté de se réunir pour exercer leur culte en public en deux sortes d'endroits différents auxquels nous avons déjà fait allusion : c'étaient les palais des nobles chrétiens et les cimetières où étaient enterrés leurs morts. Dans le premier cas ils étaient protégés par les droits de propriété privée et par les usages de l'époque, qui permettaient à un grand nombre de clients de fréquenter la maison de leur patron sans éveiller l'attention ; dans le second cas ils étaient sous la sauvegarde des lois de l'État qui concernaient les lieux de sépulture et ils bénéficiaient du respect bien connu que témoignaient les Romains pour les dépouilles et les asiles des morts. Cette habitude d'exercer le culte public dans ces seuls endroits a laissé des traces que nous retrouvons dans nos cérémonies actuelles. Obligés de déclarer leurs cimetières comme lieux de réunions funèbres et d'y exercer le culte, les chrétiens furent amenés à célébrer la Messe sur les tombeaux des martyrs. Ce sont encore ces anciens usages qui nous ont habitués à dédier nos églises aux Saints et qui ont donné naissance à la règle qui prescrit l'excavation d'un petit sépulcre dans la dalle qui se trouve sur chacun de nos autels et le dépôt dans ce sépulcre, avec l'accomplissement des anciens rites funéraires, de quelques reliques au moins, sinon du corps tout entier d'un martyr.

De même, la nécessité d'user des palais particuliers des nobles pour les cérémonies du culte chrétien a inspiré la forme et l'arrangement de nos églises et jusqu'au nom de basilique que nous leur donnons. Néanmoins il n'y a pas lieu d'admettre la thèse, fort répandue cependant, que Constantin avait mis la main sur certaines basiliques ou tribunaux de justice de Rome pour les donner aux chrétiens qui ensuite les auraient transformés en églises. Ces édifices avaient leur destination avant la conversion de Constantin et la conservèrent après cette conversion ; et il est impossible de citer un seul exemple soit dans Rome soit en dehors de Rome d'un fait de ce genre survenu à ce moment-là. Plus tard, et alors que la décadence romaine réduisit ces édifices à un rôle inutile, ce fait a bien pu se produire parfois [1]. De plus il n'y a aucune preuve pour affirmer que ces basiliques publiques auraient servi, pour le style et l'agencement général, de modèles aux premières églises chrétiennes et leur auraient transmis leur nom de basilique. Ce nom signifie « maison du roi ou palais » et est bien approprié par conséquent par sa nature à une église. Ces théories n'ont d'autre base que l'identité de nom et une certaine similitude dans la forme générale, mais elles ne s'appuient sur aucun fait historique.

Ce qu'il y a de vrai, le voici. En dehors des basiliques publiques de Rome, il en existait de particulières qui portaient le même nom et qui étaient construites sur les mêmes plans ; c'étaient les palais de tous les nobles. D'après Vitruve, la basilique, avec la bibliothèque et les bains, composaient l'ensemble de ces palais. Il n'en indique pas les principes de construction et se contente de s'en rapporter à ceux qu'il a donnés pour la construction des basiliques publiques, ces principes convenant également, dit-il, aux deux genres d'édifices. Lorsque les chrétiens se réunissaient dans ces palais pour y exercer leur culte, comme ils le faisaient durant les années de persécution, c'était précisément dans la basilique du palais, ou dans le grand hall, comme nous pourrions l'appeler, que ces assemblées se tenaient et que la Messe se célébrait. Voilà pourquoi le nom de basilique était l'équivalent de celui d'église avant la fin des persécutions et alors qu'il n'y avait encore aucune possibilité d'affecter les basiliques publiques à un pareil usage. Par exemple, dans une lettre au pape, en l'an 303 [2], ce terme est employé pour indiquer le lieu de réunion des chrétiens, *Galatius unus ex lege vestra publice epistolas salutatorias de basilica protulerit.* Cette basilique ne pouvait être que la basilique privée d'un palais. Le meilleur modèle qui nous reste de ces basiliques privées est celui qui fait partie du palais de Domitien sur le Mont Palatin à Rome. Le plan horizontal est très distinct et pourrait presque servir à une église chrétienne sans nécessiter aucune modification. Il comporte, ce que les basiliques publiques ne possédaient pas toujours, la tribune demi-circulaire à l'extrémité, partie essentielle de toute église chrétienne de ce nom. Au point de vue historique, nous savons que la plupart des grandes basiliques actuellement existantes faisaient jadis partie d'un grand palais. C'était le cas, par exemple, pour la basilique de Latran. Il est probable que ce n'est pas Constantin

---

1. *L'architecture de Vitruve*, traduite par I. Gwilt, F. S. A., Londres, 1826, pp. 126, 180.

2. *Gesta Purg. Felicis*, ed. Routh (Reliquiae sacrae, lib. IV.)

ELEVATIO CORPORVM SS. APOSTOLORVM E CATACVMBIS
EX PORTICV VETERIS VATICANÆ BASILICÆ

Jo 159

Le tombeau de Saint Pierre.

L'ENLÈVEMENT DES APOTRES DES CATACOMBES. (Une fresque autrefois dans l'ancienne Église de St-Pierre.)

qui la fit construire. C'était un palais qui avait appartenu aux empereurs et il le céda, tel qu'il était, au pape. La basilique ou grande salle du palais devint la cathédrale de Rome, et ne demanda que quelques modifications spéciales pour servir à ce nouvel usage. De même la basilique Sessorienne, Sainte-Croix de Jérusalem, comme nous l'appelons maintenant, formait la grande salle du palais Sessorien, qui était la propriété de Ste Hélène. On ne dit pas que Ste Hélène construisit la basilique Sessorienne, mais elle fit don du palais, et la basilique du palais fut adaptée à cette nouvelle destination. De même encore à Trèves, on retrouve les vestiges de plusieurs des salles du palais dont la basilique a formé la cathédrale actuelle [1]. Il ne serait pas difficile de fournir d'autres preuves, mais nous en avons donné assez pour démontrer qu'il faut chercher l'origine de la basilique non pas dans les palais de justice de Rome mais plutôt dans les salles particulières des chrétiens nobles chez qui s'exerçait le culte durant les premiers temps de notre religion.

Il n'y a pas lieu d'ouvrir ici une longue discussion soit sur les origines des églises chrétiennes soit sur celles du culte chrétien et nous allons aborder l'histoire de la basilique que Constantin bâtit sur le corps de S. Pierre. Cependant, nous signalerons d'abord une troisième influence qui se manifeste dans les dispositions prises pour le culte dans toutes les basiliques chrétiennes de Rome. Il s'agit de l'influence de l'Apocalypse de l'apôtre S. Jean. Pour peu que l'on ait appelé notre attention sur ce point, nous ne pouvons manquer d'être frappés de la ressemblance qui existe entre les abords de l'autel dans la basilique de Rome et la vision du culte céleste retracé par S. Jean [2]. Dans le temple céleste, on voit le trône occupé par la divinité ; dans le temple terrestre il l'est par celui qui la représente ici-bas et qui exerce en son nom l'autorité dans le domaine de l'Église. De chaque côté du trône, sur des sièges semi-circulaires sont les vingt-quatre anciens ou prêtres. Au milieu du trône et des vingt-quatre anciens, c'est-à-dire au milieu de la ligne de l'abside est l'autel et sur l'autel « l'agneau couché comme s'il était immolé », et recevant adoration, « parfumé avec des fioles d'argent pleines de parfums qui sont les prières des Saints ». Et enfin « sous l'autel » à l'endroit précis occupé dans ces églises par la tombe des martyrs, S. Jean voit « les âmes de ceux qui ont été immolés au nom de Dieu et pour le témoignage qu'ils en ont porté ».

1. *The holy Coat of Trèves*, par Fr. Clarke, S. J., p. 120.
2. *Apoc.*, IV et V.

On pourrait sans peine mentionner d'autres coïncidences. Celles-là sont trop frappantes et trop nombreuses pour qu'elles puissent être uniquement attribuées au hasard, et d'ailleurs nous pouvons constater encore que les décorations en mosaïque exécutées au moment de la construction des églises s'inspirent fréquemment des visions de l'Apocalypse. Ainsi, pour ne citer que quelques exemples, nous avons l'Agneau avec le livre fermé et les sept chandeliers, à Saint-Cosme et Saint-Damien ; les douze étoiles et les emblèmes des Évangélistes à Saint-Clément ; et à Saint-Paul les Anciens vêtus de blanc et déposant leurs couronnes devant le trône [1]. Nous ne pouvons douter que les similitudes que nous constatons ne soient la conséquence des images de la vision et que, de même que le culte de l'ancienne alliance fut prescrit à Moïse sur la Montagne du Sinaï, de même le culte de la nouvelle alliance n'ait été intentionnellement réglé conformément aux révélations que Dieu fit à S. Jean en l'initiant ainsi aux hommages qui lui sont rendus dans le Ciel.

Nous n'avons pas d'indication sur la date de la construction de la grande basilique sur la colline du Vatican, mais nous ne pouvons douter qu'elle ne soit l'œuvre de Constantin lui-même, comme la tradition l'a toujours indiqué. Dans un cas pareil, on peut, sans hésitation, se fier à la tradition alors même qu'elle n'est pas confirmée par des documents. Car ceux que nous fournit le *Liber Pontificalis* ne sont pas bien postérieurs à cette époque ; d'ailleurs nous pouvons encore invoquer les preuves que nous apportent deux monuments. Les mosaïques de la principale arche qui franchit la nef à peu de distance de l'autel, portaient une inscription qui rapportait le fait :

QUOD DUCE TE MUNDUS SURREXIT AD ASTRA TRIUMPHANS
HANC CONSTANTINUS VICTOR TIBI CONDIDIT AULAM.

Nous avons de nombreuses preuves de l'existence de cette inscription, car elle fut souvent copiée par les pèlerins pendant qu'elle était encore lisible. Maphaeus Vegius [2] la transcrivit au XIVᵉ siècle et dit qu'elle figurait sur le grand arc de triomphe, *in arcu majore ac triumphali*, en lettres dont le caractère très ancien et l'état de détérioration indiquaient qu'elles dataient de l'époque de Constantin

---

1. Pour ces concordances *cf.* Ciampini, *De aedeficiis*, p. 43 ; et *Vet. Mon.*, ainsi que M. G. G. Scott, *Essay on English Church architecture*.
2. De Rossi, *Inscr. christ.*, II, p. 345.

même. Auparavant elle avait été copiée par Sabinus [1] qui la place
sur l'*arcu prelato* que De Rossi veut lire, bien inutilement *pracallo*.
Avant Sabinus et à une époque bien antérieure il en est fait mention par le *Pèlerin d'Einsideln* [2], dans le VIIIe siècle. La mosaïque retraçait aussi l'empereur Constantin présenté à Notre-Seigneur
par S. Pierre et lui offrant la nouvelle basilique qu'il avait construite. Il n'y a plus trace de la mosaïque même, bien que l'inscription qui en faisait partie nous soit restée, et seul M. Frothingham,
archéologue américain, en fait mention et en a donné une courte
description dans un passage de son ouvrage, *De Consilio*, publié
par le cardinal Jacobacci en 1538 [3]. Cette allusion fortuite forme
actuellement tout ce que nous avons sur ce sujet. Nous trouvons une
autre preuve, bien qu'il ne soit pas besoin d'en chercher de nouvelles après celle que nous fournit la mosaïque, dans les tuiles portant le nom de l'empereur et par conséquent appartenant, sans
contestation possible, à l'époque de son règne, et découverte aux
XVIe et XVIIe siècles lors de la reconstruction de la basilique [4].

La forme et la grandeur de la nouvelle basilique furent surtout
déterminées par l'état des lieux. Comme nous l'avons dit, la tombe de
l'Apôtre était une construction à deux étages, le plus bas étant
situé au-dessous du sol, le plus haut dépassant d'environ quinze
pieds ce niveau. Ce tombeau était placé près du mur du grand cirque primitivement construit par Caligula mais plus généralement
connu comme cirque de Néron, et séparé de ce monument par la
route pavée qui bordait le cirque. On ne pouvait donc construire
une vaste église qu'à la condition de démolir préalablement le cirque. C'est ce que Constantin se décida à faire, utilisant autant que
possible les fondations et matériaux qu'il avait ainsi sous la main.
Le cirque était environné par trois murs parallèles réunis par des
arches de manière à fournir les appuis nécessaires pour les rangs
de siège destinés aux spectateurs. Constantin voulut utiliser ces
trois murs pour les fondations du mur extérieur de son église et
pour les deux rangs de colonnes qui devaient en former les deux
nefs latérales. C'est d'après cela que furent fixées les dimensions
de ces deux nefs. La largeur du monument se trouvait aussi tout

1. *Ibid.*, p. 410
2. *Ibid.* p. 20.
3. De Rossi, *Bull. arch. cr.*, 1883, p. 91. Jacobacci s'exprime ainsi : « Cum adhuc
temporibus nostris fuerit in ecclesia S. Petri in frontispicio majoris arcus ante altare
Constantinus in musaico depictus literis aureis ostendens Salvatori et beato Petro Apostolo Ecclesiam ipsam a se aedificatam, viz. ecclesiam S. Petri. » Ce passage est à la
dernière page.
4. Ciampini, *De Vet Mon.*

indiquée ; elle devait naturellement être le double de la distance qui séparait le centre de la tombe de S. Pierre du mur extérieur du cirque sur lequel s'appuyait le rang intérieur des colonnes. Néanmoins, à en juger par les indications qui existent dans le monument actuel, cette mesure ne fut pas exactement suivie, et il est à supposer que la tombe de S. Pierre n'est pas exactement au centre de l'église. Il y a aussi quelques présomptions que les côtés de la tombe n'étaient pas tout à fait parallèles à la direction du cirque qui avait servi à fixer l'axe de l'église. La différence cependant était assez faible pour qu'on pût la négliger sans choquer la vue, d'autant plus qu'il y avait une grande économie à faire en utilisant les fondations des murs du cirque. Il est vrai que cette économie devint par la suite fort coûteuse, car c'est justement l'insuffisance de ces fondations, aussi bien que la hâte apportée à la construction de ce monument, qui occasionna son fléchissement de ce côté-là au point d'offrir du danger et de nécessiter sa démolition. La seule dimension laissée dans le plan à l'appréciation de Constantin, fut la longueur de l'église, et en cela il s'inspira évidemment de la largeur déjà fixée. La tombe devait occuper la place d'honneur et couper la flèche de l'abside ; c'est ainsi que l'on plaçait l'autel dans les églises des premiers siècles. Autant qu'il est permis de le croire, le devant de l'autel, c'est-à-dire son côté Ouest, devant lequel se tenait l'officiant, tournant le dos au bas de l'église, c'est-à-dire à l'Est, correspondait exactement avec le bord du sarcophage, de manière à ce que le calice fût placé sur la tête de S. Pierre.

Le niveau de l'église semblerait avoir été fixé à huit pieds environ au-dessus de celui du sol, et par conséquent à la moitié de la hauteur de la construction supérieure, qui s'élevait ainsi à environ huit pieds au-dessus du sol de l'église. La question du niveau du sol de l'église se trouve quelque peu compliquée parce que l'église a été bâtie sur le penchant de la colline du Vatican. Ce niveau fut fixé à environ huit pieds au-dessous du sommet de la tombe et la hauteur de l'autel devait correspondre avec ce point ; étant donné par ailleurs que la tombe ne devait pas être touchée, il s'ensuit qu'il a fallu élever une plateforme donnant accès au côté Ouest de l'autel. C'est ce qui a été fait et deux escaliers de sept marches, placés de chaque côté de la tombe conduisent à cette plateforme élevée et par conséquent à l'autel [1].

Nous avons maintenant à nous demander pourquoi Constantin

1. *Le sette chiese di Roma*, p. 111.

choisit le niveau le plus élevé pour former la base de l'autel. Le
Liber Pontificalis ne nous donne aucun détail sur ce point ; il mentionne seulement ce qui fut fait pour le tombeau. Puisque la partie
située immédiatement au-dessous de l'autel n'est pas en sous-sol,
et peut être visitée en allant à la confession et dans les cryptes,
nous pouvons nous mêmes nous rendre compte de quelle manière
l'autel est supporté actuellement, car il est probable que rien n'a été
modifié en cet endroit. On peut voir par le plan des cryptes reproduit page (?) que l'autel repose sur un massif solide en maçonnerie, d'une épaisseur de sept pieds, mais percé dans son centre
par une ouverture cintrée qui s'arrête à l'extrémité de l'abside. Cette
ouverture qui est la célèbre *Confession*, dont on a tant parlé, et sur
laquelle nous allons nous étendre minutieusement, n'a plus à cette
heure que deux pieds et quatre pouces de largeur, mais il est probable qu'elle était primitivement de quatre pieds environ. Le plan
porte quatre pieds sur sept de longueur. C'est-à-dire les mêmes
dimensions que nous avons attribuées au *loculus* de Saint-Pierre.
Dans tous les cas cette ouverture est exactement au-dessus du
loculus, car dans le centre subsiste encore l'orifice par lequel on
faisait descendre sur la tombe, comme nous l'avons dit, des mouchoirs ou autres objets. Le sol de la présente niche de la Confession est quelque peu au-dessus de celui de l'ancienne basilique, mais
là aussi il y a eu des changements, et l'ancien parquet de la niche,
dont on trouve encore des traces, concordait avec le sol de la basilique, c'est-à-dire qu'il était élevé de quelques pieds au-dessus du
sol de la partie supérieure de la tombe. Le bas de la niche, formé
de plaques de marbre, n'avait donc été établi que par simple con-
venance : au-dessus existait un espace vide compris entre le sol de
la niche et celui de la construction supérieure qui était aussi le
dessus de la tombe actuelle.

Nous n'étudierons pas davantage pour le moment l'état présent
de cette niche de la Confession qui doit être exactement au-dessus
de S. Pierre et tenir la place de la construction supérieure ou
memoria qu'Anaclet éleva sur sa tombe dans le premier siècle ;
cependant nous ne l'affirmerons pas, car nous pouvons être induits
en erreur par les travaux urgents accomplis durant les quinze siècles passés. Nous possédons maintenant les matériaux suffisants
pour saisir le plan de Constantin et nous allons donc le suivre,
remettant à plus tard l'examen attentif des vestiges qui nous restent et la reconstitution des circonstances historiques qui ont amené
des modifications successives. Il a été nécessaire de consolider la
voûte de la construction inférieure pour lui permettre de suppor-

ter le grand poids qui devait s'y appuyer, mais nous ne savons pas exactement comment ces travaux ont été effectués. La construction supérieure mesurant environ dix-sept pieds sur quatorze ne fut pas touchée. Au-dessus et au centre de cette construction il fallut élever un autel, probablement un peu carré, suivant l'usage de l'époque, et auquel nous pouvons attribuer les dimensions suivantes : huit pieds sur sept. Pour supporter le poids de cet autel il semble que Constantin fit bâtir deux massifs de maçonnerie, chacun mesurant sept pieds sur cinq à partir des murs extérieurs de la pièce, divisant ainsi l'ancienne *memoria* en trois parties, la partie centrale mesurant sept pieds sur quatorze, les deux autres environ cinq pieds sur quatorze. Le diagramme reproduit page 81 fera comprendre ces détails.

Le parquet de la partie en façade ou à l'Est s'élevait au même niveau que le sol de la basilique ; le mur et le plafond de cette même pièce avaient été supprimés pour ne pas gêner la vue de l'autel. Du reste tout le plafond avait dû être supprimé en principe. Les murs latéraux avaient été conservés au moins en partie, et c'est contre ces murs que s'appuyaient, à droite et à gauche, les deux escaliers en porphyre qui conduisaient à la tribune. La partie du fond ne subit aucun changement ; elle forma une petite pièce sous la tribune, et devint plus tard la chapelle qui, légèrement modifiée et agrandie par Paul V à l'époque de la réconstitution de la basilique, sert encore à tous les prêtres qui obtiennent la permission de dire la Messe sur le corps de S. Pierre. Cette chapelle partageait, avec la niche placée sur le devant, le titre de Confession de S. Pierre. Les deux emplacements y avaient droit, puisque chacun formait une partie de l'ancienne *memoria* ou Confession élevée par Anaclet sur la tombe. La partie centrale, réduite maintenant à une surface de sept pieds sur quatre avec quinze pieds de hauteur, était divisée en deux pièces placées l'une au-dessus de l'autre au moyen d'un parquet de dalles de marbre de niveau avec le sol de la basilique. La pièce inférieure se trouvait encore diminuée par l'épaisseur de la maçonnerie qui supportait les dalles de marbre, au point de ne plus mesurer que trois pieds sur chaque côté, et servait uniquement de communication entre la pièce supérieure et la tombe. La pièce supérieure était couverte par une voûte cintrée du côté de l'Ouest et devint la niche de la Confession, à peu près telle que nous la connaissons, s'appuyant immédiatement sur le sarcophage actuel de S. Pierre et communiquant avec celui-ci au moyen de grilles de fer qui pouvaient se relever, l'une sur le nouveau parquet au niveau de la basilique, l'autre sur l'ancien parquet de la *memoria* qui était aussi le plafond de la voûte où était la tombe elle-même. En relevant ces grilles, on pouvait descendre des objets sur le sarcophage. La niche de la Confession différait alors de ce qu'elle est aujourd'hui de deux manières. Elle était plus large, comme nous l'avons déjà dit, et au lieu d'être, comme maintenant, sensiblement vers la gauche du centre de l'autel, elle correspondait sinon absolument, du moins à peu près, à ce centre. Secondement, au lieu d'être couverte par une voûte cintrée *comme à l'heure présente*, elle était couverte par un plafond uni en marbre, qui formait le bas de la *predella* ou le pied de l'autel. Cette *predella* était-elle, ou non, d'une seule pièce, nous l'ignorons, car bien que cela soit probable *in situ*, elle est entièrement cachée et totalement inaccessible. Cependant, comme il eût été très difficile de se procurer un bloc de marbre de dimensions suffisantes et de le transporter, et que, d'un autre côté, il n'y avait pas de raison d'employer un seul bloc, il est plus logique de supposer qu'elle était composée de plusieurs morceaux supportés par les deux piles de maçonnerie dont nous avons déjà parlé et qui formaient les deux côtés de la niche. Puisque la *predella* devait avoir au moins sept à huit pieds de largeur, les pièces de marbre devaient porter de chaque côté sur les piles de maçonnerie, sur une largeur d'environ deux pieds de manière à pouvoir supporter le poids de l'autel auquel elles servaient de base. Autour de l'autel quatre colonnes de porphyre supportaient le *ciborium* ou dais en marbre qui le recouvrait, et des deux côtés, s'appuyant sur les murs de l'ancienne *memoria*, deux escaliers en porphyre de sept degrés conduisaient du niveau le plus élevé de la tribune au sol de l'église. La niche de la Confession était fermée au moyen de portes en métal et, en face, reposant sur le parvis de l'église, s'élevait un rang de six colonnes curieuses appelées *vitineae*, parce qu'elles imitaient des rameaux de vigne, et apportés, dit-on, de Jérusalem. Une de ces colonnes était tenue en grande vénération, car on dit que Notre-Seigneur Lui-même s'y était appuyé en parlant au peuple. Ces six colonnes étaient reliées par une grille à hauteur d'appui, ou *pectoralia*, formant ainsi une sorte de vestibule en face de la Confession et la séparant du chœur qui était lui-même entouré de *pectoralia* semblables. Le seul type de grilles conformes à celles-là existe à Saint-Clément. La tribune ou abside était richement décorée de mosaïques. Au centre, derrière l'autel s'élevait le trône papal et de chaque côté étaient rangés des sièges en pierre destinés aux cardinaux, comme cela se voit dans tant d'autres églises de Rome.

La largeur des escaliers de chaque côté ne devait pas être moindre de dix pieds, car nous savons que le porphyre qui les formait fut utilisé dans la nouvelle église pour les deux escaliers coupant toute la largeur de la nef centrale et conduisant à la tribune. La largeur de la nef centrale de la nouvelle église de Saint-Pierre étant, environ, de soixante-dix pieds, il s'ensuit que le porphyre composant deux marches de soixante-dix pieds, devait suffire pour former anciennement les quatorze marches de dix pieds. D'ailleurs, la plus longue pièce de porphyre qui existe encore a exactement dix pieds de longueur et formait probablement un de ces escaliers. En tout cas cela prouve que les deux escaliers n'avaient pas moins de dix pieds de largeur, ce qui est en outre confirmé par ce fait que la distance existant entre le mur de l'ancienne *memoria* et celui de la chapelle actuelle de la crypte de Saint-Salvatorino, qui sont tous les deux les anciens murs de la vieille basilique, autant qu'on peut l'affirmer, n'étaient pas distants de plus de trente à quarante pieds. C'est entre ces murs que devaient anciennement être placés les escaliers, car il en est fait ainsi mention dans un passage du *Liber Pontificalis* : « réunissant le côté droit et le côté gauche de la Confession[1]. » L'accès à la pièce placée derrière la tombe, troisième partie ou chambre supérieure de la *memoria*, s'effectuait par un passage circulaire en dessous de la tribune et suivant le mur de l'abside du côté intérieur. Un autre passage s'amorçant sur le centre de ce passage demi-circulaire conduisait directement dans cette pièce. Peut-être aussi une porte percée dans le mur de l'abside donnait-elle accès du dehors dans la même pièce, mais il est impossible de l'affirmer. Dans tous les cas, si cette porte n'existait pas déjà elle fut certainement établie vers la fin du IVe siècle et conduisait dans ce que l'on appelait le « temple de Probus » qui était bâti dans l'abside à la place occupée par la chapelle de la Vierge dans quelques-unes de nos cathédrales gothiques.

Près de l'entrée de l'église, dans ce passage demi-circulaire, existait, selon toutes probabilités, du côté Sud une porte à laquelle aboutissaient les escaliers dont nous avons parlé dans le chapitre précédent, et qui permettaient d'entrer dans le souterrain qui renfermait les corps. Cet escalier, à en juger d'après les mêmes genres de tombes qui restent de cette époque comme les tombes bien connues de la Voie latine, devait être très raide et ses marches devaient avoir environ dix pouces. Il existait assez d'espace pour un pareil escalier à la place que nous lui avons assignée et probablement il

1. Ed. Duchesne, I, p. 510.

fut laissé à la même place qu'il avait toujours occupée depuis la construction du tombeau, soit depuis l'an 68. La distance entre l'intérieur du mur du passage demi-circulaire et l'extrémité du mur de l'ancienne *memoria* (qui correspond probablement exactement au mur de la voûte inférieure, sur lequel elle est bâtie) est d'environ quinze ou seize pieds, soit l'espace nécessaire pour l'escalier de descente. On comprendra parfaitement tous ces détails en se rapportant au plan et à la section page 81.

Nous avons dès à présent réussi à reconstituer d'une manière très plausible les dispositions de la basilique de Constantin, et cela de deux manières, d'abord par inductions, en nous pénétrant des conditions à observer pour construire une cathédrale autour d'une tombe à deux étages, située comme nous savons que l'était celle de S. Pierre, et cela sans y toucher plus qu'il n'était nécessaire ; ensuite par déductions, en nous inspirant de l'aspect actuel de la tombe et de ses environs.

Il nous reste maintenant à justifier cette reconstitution par toutes les raisons plausibles — c'est-à-dire d'abord par tous les documents ou notes que nous avons actuellement soit sur la tombe et ses dépendances soit sur les grands changements du XVIe siècle. Nous examinerons ensuite les diverses églises qui ont copié ou imité les dispositions de l'église de Saint-Pierre avant cette époque. Troisièmement enfin, nous étudierons en détail la Confession actuelle et ses accessoires afin de prouver que non seulement ces constructions peuvent mais doivent s'être inspirées de celles que nous avons déjà esquissées.

Mais avant de développer nos preuves, il est bon de revenir encore une fois sur deux autres points saillants déjà signalés, afin que les lecteurs en soient bien pénétrés, car, sans cela, ils ne pourraient pas saisir aisément notre démonstration.

Donc, le premier point à noter soigneusement c'est que la Confession de l'ancienne église de Saint-Pierre ne ressemblait pas à celles connues généralement sous ce nom à notre époque, c'est-à-dire, une excavation souterraine en face de l'autel avec des degrés y donnant accès et permettant d'arriver par là à la tombe du martyr. Au contraire, c'était une sorte de niche sous l'autel, au niveau de l'église, et par conséquent accessible sans le moyen d'escaliers, l'autel se trouvant relevé à sept ou huit pieds au-dessus du parvis de l'église. Si l'église de Saint-Pierre différait ainsi des autres églises c'est que la tombe de S. Pierre, élément déterminant de la forme à donner à cette partie de l'église, était une tombe à deux étages, *composée* d'une *memoria* ou construction supérieure, aussi bien que d'un caveau souterrain, tandis que les tombeaux des martyrs sur lesquels furent construites les autres églises de Rome étaient de simples caveaux. A Saint-Pierre, la Confession formait une partie de la construction supérieure, tandis que dans les autres églises la Confession donnait accès dans les caveaux.

Sur ce point, presque tous les écrivains qui ont traité ce sujet ont fait erreur, car ils ont accepté comme un fait acquis, ce point que la Confession de S. Pierre ressemblait à toutes celles qu'ils connaissaient et qu'elle était en dessous du niveau général de l'église et accessible au moyen d'escaliers. Parmi ceux qui ont commis cette méprise, nous pouvons citer, entre autres, Bonani [1], Lonigo [2], Borgia [3], Mignanti [4], Marucchi [5], Armellini [6], Grisar [7], et De Rossi [8] lui-même.

La raison en est bien simple. La nouvelle basilique est élevée de onze pieds au-dessus du parvis de l'ancienne église. Voilà pourquoi la Confession, qui était au même niveau que l'ancienne basilique, n'était accessible que par le moyen d'escaliers qui descendaient du sol de la nouvelle. Tous ces auteurs ont oublié qu'après avoir franchi ces escaliers et après être arrivé à la Confession on se trouvait sur le sol de l'ancienne basilique. La chose avait été d'ailleurs depuis longtemps indiquée par Sarti et Settele et après eux par Mgr Duchesne, ce qui rend encore plus extraordinaire la méprise des plus récents parmi les écrivains cités plus haut. D'ailleurs, il existe une peinture reproduisant les lieux, peinture exacte sur ce point, mais infidèle pour quelques autres détails ; c'est la fresque de Raphaël au Vatican, représentant la Donation de Constantin. On trouvera un dessin à la plume représentant ce tableau à la page 145.

Le second point important, c'est que la petite pièce placée en arrière sous la tribune, transformée plus tard en chapelle, probablement par Grégoire le Grand, partageait avec la niche existant sous le grand autel, le nom de Confession. La raison en est encore très claire, car toutes les deux avaient également fait partie de la première Confession ou *memoria* bâtie sur la tombe. Aucun écrivain, que nous sachions, n'a jamais remarqué qu'il y avait dans

1. *Templi vaticani historia*, p. 147.
2. Cité par Bonani.
3. *Confessio vaticana*, p. 31.
4. *Basilica vaticana*, p. 177.
5. *Le Memorie dei SS. Apostoli*
6. *Chiese di Roma*, p. 724.
7. *Le Tombe apostoliche*.
8. *Inscr. chr.*, II, p. 236

l'ancienne église de Saint-Pierre deux endroits connus sous le nom de Confession et voilà ce qui a donné lieu à toutes sortes de confusions et de méprises ; car la mention d'un autel de la Confession se représente souvent, et il est évident qu'il n'y a jamais eu d'autel dans la niche située elle-même sous le grand autel. Une autre source d'erreurs découle de ce fait que la chapelle de la Confession se trouvant sous la tribune et ayant le même niveau que l'ancienne construction supérieure conservée sans changements était naturellement au-dessous du niveau de la basilique. Voilà pourquoi nous rencontrons souvent l'expression « descendant à la Confession, » et ce sont évidemment ces termes qui ont contribué à créer la méprise que nous avons signalée à ce sujet.

Troisièmement nous devons nous souvenir qu'il n'y avait pas, et qu'il ne peut jamais y avoir eu du côté Est un accès dans le caveau contenant la tombe. L'entrée primitive devait être au Sud, et aussi l'entrée de la basilique de Constantin. Donc, s'il existe maintenant quelque trace de cette entrée, elle doit être au Sud dans la petite chapelle de Saint-Salvatorino, dans les cryptes ; c'est là qu'on la trouvera. Car cette chapelle est, par le fait, le commencement de l'ancien passage semi-circulaire qui conduisait, en passant sous la tribune, à l'intérieur de l'abside, à la chapelle de la Confession.

Bien pénétrés de ces trois points, nous allons maintenant consulter les monuments et documents du passé qui pourront d'abord confirmer l'exactitude des théories que nous avons émises, puis ajouter de nouveaux détails à ceux que nous avons déjà donnés.

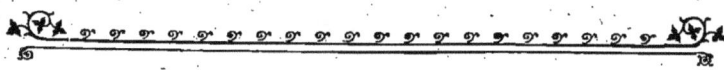

CHAPITRE IV.

DIX SIÈCLES DE VICISSITUDES.

Nous pouvons invoquer deux genres de témoignages bien distincts pour nous rendre compte de l'exactitude des théories que nous avons esquissées dans le chapitre précédent. Le premier de ces témoignages nous est fourni par les diverses allusions faites à l'état des lieux que nous rencontrons dans les écrits des siècles passés parvenus jusqu'à nous, allusions qui sont parfois accompagnées de descriptions plus ou moins exactes. Si nos théories sont vraies il est évident que ces allusions et descriptions deviendront plus intelligibles pour nous en éclairant les questions que nous étudions. Certains passages qui pouvaient nous sembler obscurs jusqu'alors nous découvriront toute leur signification. D'autres qui nous paraissaient douteux, deviendront très clairs pour nous. Au contraire, si nos théories sont erronées, nous nous en rendrons compte au moment où nous consulterons ces écrits. Les passages déjà obscurs deviendront incompréhensibles, car nous nous trouverons dans l'impossibilité de les faire concorder avec les théories que nous avons essayé de prouver. Ces écrits seront pour nous comme une pierre de touche qui nous permettra de voir si les idées que nous avons développées ont une valeur historique ou si ce sont simplement d'ingénieuses rêveries, de simples châteaux de cartes, sans fondement, et qui doivent s'écrouler devant une investigation rigoureuse. Nous invoquerons donc leur témoignage, et de plus, afin d'éviter toute possibilité d'erreur, nous invoquerons un témoignage non moins sérieux, c'est-à-dire que nous comparerons la tombe telle que nous l'avons reconstituée, avec les autres monuments de la même époque et du même genre, et avec les diverses imitations et reproductions qui en ont été faites à Rome et ailleurs. La basilique de Saint-Pierre a été pendant plusieurs siècles le centre de la dévotion chrétienne. Les nouvelles églises bâties à Rome furent naturellement construites très souvent et plus ou moins fidèlement sur ce modèle, et s'inspirèrent de l'arrangement de son autel. Dans bien des cas, ces églises n'ont pas été changées et par conséquent nous pouvons les étudier avec la certitude d'y trouver une similitude réelle, quoique parfois un peu grossière avec l'état de Saint-Pierre au moment où elles furent construites. De plus,

Rome reçut la visite de pèlerins étrangers, qui venaient visiter la tombe de l'Apôtre. Lorsque ces pèlerins rentraient dans leur pays, ils éprouvaient le désir de faire quelque peu connaître l'aspect du tombeau qu'ils avaient visité à ceux de leurs concitoyens qui ne pouvaient entreprendre un voyage à la fois long, dangereux et coûteux comme celui de Rome ; peut-être aussi de les faire participer aux mêmes privilèges spirituels qui étaient attachés à un pèlerinage à Rome. Ces pèlerins firent donc construire dans leurs pays des églises se rapprochant plus ou moins du type de Saint-Pierre à Rome, bien qu'elles fussent naturellement d'un genre moins magnifique, et ces églises furent enrichies de privilèges et indulgences en faveur de ceux qui s'y rendaient en pèlerinage. Telle a été l'origine de plusieurs de nos églises d'Angleterre, et spécialement de celle de l'abbaye de Peterborough, qui est devenue la cathédrale du même nom. Dans bien des cas, nous pouvons retrouver les traces des emprunts faits, dans la construction de certaines de ces églises, au modèle de Saint-Pierre, et nous avons là encore les moyens de contrôler l'exactitude et la justesse de nos théories et de nos reconstructions. Nous allons donc consulter avec méthode ces deux genres de témoignages. Notre première tâche va être de citer les passages les plus importants des écrivains anciens qui ont parlé des conditions et de l'aspect du tombeau, ou plus tard, de l'autel de la basilique, montrant, au cours de notre étude, comment chaque passage cité confirme nos idées ou bien s'en écarte.

I. — *Avant l'époque de Constantin* (67-325).

Nos ouvrages pour cette époque sont le *Liber Pontificalis* ; les Actes apocryphes de S. Pierre ; les Actes des divers martyrs, et une ou deux allusions des Pères de l'Église. Aucun de ces auteurs, tels que nous les avons aujourd'hui, n'appartient à une époque contemporaine, excepté les derniers. L'époque où le *Liber Pontificalis* a traité ces questions, sous la forme actuelle, n'est pas antérieure à la fin du IVe siècle et les divers Actes des Saints datent du VIe siècle. Néanmoins, dans presque toutes ces questions, ils s'inspirent de témoignages antérieurs et souvent contemporains. Rappelons-nous que la tombe était, à cette époque, si nos théories sont exactes, un monument sépulcral ordinaire comme la plupart de ceux qui existaient alors ; c'est-à-dire il fut d'abord entièrement souterrain, puis on y ajouta une construction supérieure, située, ainsi que d'autres tombes, auprès de la route qui longeait le cirque de Néron.

1. — *Passio Sanctorum Apostolorum Petri et Pauli* [1]. — « Les corps des saints Apôtres furent conservés à l'endroit appelé les Catacombes, à la hauteur de la troisième borne, sur la Voie Appienne, pendant un an et sept mois, jusqu'au moment où leurs sépulcres furent prêts. On les y porta en grande solennité et au milieu de chants *(cum gloria hymnorum)* ; le corps de S. Pierre fut mis au Vatican dans la *Naumachia (in Vaticano Namachiae)*, et celui de S. Paul sur la Voie d'Ostie, à la seconde borne ; toutes les prières y sont exaucées dans les siècles des siècles. Amen. »

2. — *Liber Pontificalis.* — Pierre « fut enterré sur la Voie Aurélienne, dans le temple d'Apollon *(Via Aurelia, in templum Apollonis)*, près de l'endroit où il avait été crucifié, non loin du palais de Néron, sur le Vatican, près du *Territorium triumphale.* »

« (Anaclet) construisit et arrangea la *memoria* de S. Pierre, qui l'avait ordonné prêtre et aussi d'autres sépultures d'évêques. Il y fut enseveli lui-même près du corps de S. Pierre [2]. »

3. — *Caius*, prêtre romain, qui vivait au commencement du IIIe siècle, écrivant contre les hérétiques cataphrygiens, dit : « Je puis vous montrer les trophées *(tropaea)* des Apôtres, car si vous allez au Vatican ou sur la Voie d'Ostie, vous y trouverez les trophées de ceux qui ont fondé l'Église [3]. »

C'est là la plus ancienne mention de la tombe à laquelle nous puissions assigner une date. C'est la preuve que, 150 ans après l'époque de leur martyre, les tombes des Apôtres étaient déjà connues et vénérées aux endroits précis où on suppose qu'elles sont à cette heure.

4. — *Eusèbe*, né l'an 268. — « Néron, le plus acharné des ennemis de Dieu, assouvit sa rage contre les Apôtres eux-mêmes. Ainsi on raconte que, sous son règne, Paul fut décapité à Rome et Pierre attaché à une croix. Et la vérité de ces récits est confirmée par l'existence des monuments portant les noms de Paul et de Pierre et que l'on peut encore voir dans les cimetières de Rome [4]. »

5. — On trouve dans les Actes des Martyrs de nombreuses allusions à l'existence de la tombe, devenue un lieu de pèlerinage. Sous leur forme actuelle, ces Actes n'ont pas une grande valeur

1. Ed. Lipsius, p. 175.
2. Ed. Duchesne, I, pp. 118, 125 : « Hic memoriam b. Petri construxit et composuit, dum presbyter factus fuisset a b. Petro seu alia loca ubi episcopi reconderentur sepulturae ; ubi tamen et ipse sepultus es, juxta corpus b. Petri. »
3. Cité par Eusèbe, *Hist. Eccl.*, II, 25.
4. *Hist. Eccl.*, II, 14, *nomine insignita monumenta*.

HVMATIO CORPORIS PRINCIPIS APOSTOLOR QVANDO S. SILVESTER RECÕDIDIT CORPVS EIVS EX PORTICV VETERIS VATICANÆ BASILICÆ

LA SÉPULTURE DE SAINT PIERRE AU VATICAN.

Le tombeau de Saint Pierre

historique, mais ils sont généralement basés sur des données plus anciennes, et sur un sujet pareil, on peut y ajouter foi d'autant plus que le même fait y est relaté en plusieurs passages indépendants les uns des autres. Nous y lisons, par exemple, que S. Marcus vint de Perse, aux environs de l'année 270, avec sa femme Martha et ses deux fils Abbacus et Audifacius, dans le but de prier sur les tombes des Apôtres; que S. Paterne vint d'Alexandrie, durant la persécution de Décius, au milieu du III⁰ siècle, pour saluer leurs cendres*(ad memorias Apostolorum)*; que S. Maurus vint dans le même but de l'Afrique. De même les Actes de S. Sébastien nous apprennent que Ste Zoé vint prier à la « Confession de S. Pierre, qu'elle y fut prise et subit le martyre ; et que S. Tranquillinus, jaloux de son sort, et décidé à ne pas se laisser surpasser par une femme, vint de même prier le lendemain au tombeau de S. Paul et que lui aussi fut capturé et mis à mort. » Mais c'est peut-être dans l'histoire des martyrs gaulois, SS. Simplicius, Constantin et Victorien que nous voyons le plus clairement quelle vénération ressentaient pour ces lieux les chrétiens de Rome aux époques des persécutions ; cette vénération était connue des autorités païennes qui l'exploitaient, car cela leur permettait de s'emparer de victimes qui leur auraient échappé si elles n'avaient pas trahi par là leur titre de chrétiens. Ces trois Saints avaient été transportés des Gaules pour être martyrisés à Rome même [1]. Arrivés dans cette ville, ils réussirent à échapper aux soldats qui les conduisaient. Quel usage firent-ils de cette liberté qu'ils avaient reconquise ? Ils ne cherchèrent point à se cacher et il semble même qu'ils n'en eurent pas l'idée. Leur premier désir fut de satisfaire leur dévotion et ils se rendirent immédiatement au Vatican pour vénérer le tombeau de S. Pierre. Tandis qu'ils étaient en prières, ils furent surpris par les gardes auxquels ils avaient échappé et qui semblent avoir compris immédiatement dans quel endroit ils s'étaient réfugiés. Séance tenante, ces trois Saints conquirent la couronne du martyre qu'ils cherchaient.

II. — *Après la construction de la basilique.*

Les documents que nous avons pu recueillir jusqu'ici sont sans doute bien rares et bien pauvres, mais, néanmoins, ils suffisent à prouver qu'aux âges de la persécution, il y avait à Rome un endroit,

---

1. Pour tous ces exemples voir le *Martyrologe Romain* et les *Acta Sanctorum* des Bollandistes, aux fêtes de chacun de ces saints.

la colline du Vatican, qui était connu comme le lieu de sépulture de S. Pierre, et que les chrétiens de cette époque en faisaient le but constant de leurs pèlerinages et l'objet de leur grande vénération. Avec la paix de l'Église et la construction de la grande basilique sur le tombeau, nos documents deviennent à la fois nombreux et plus précis comme descriptions. Notre principale source continue à être le *Liber Pontificalis*, qui, à partir de cette époque, peut être considéré d'une manière générale comme un document contemporain et l'histoire ininterrompue que nous pouvons y puiser n'exige que très rarement le concours d'autres documents complémentaires. C'est du *Liber Pontificalis* que nous avons tiré, on se le rappelle, ces détails très importants, quoique parfois quelque peu obscurs, sur les travaux exécutés par Constantin au-dessus du tombeau, détails qui forment à peu près tout le fond de notre dernier chapitre. Et comme nous nous sommes suffisamment étendus sur ce sujet, nous n'y revenons pas. Les autres renseignements que nous tirons du *Liber Pontificalis* concernent en général des dons particuliers faits par des papes ou des empereurs ou encore des personnages marquants pour la décoration et l'embellissement du tombeau. La plupart de ces dons ont disparu depuis lors, soit qu'ils aient été détruits dans la suite des temps, soit qu'ils aient été enlevés comme butin, lors des divers pillages de Rome. En plus de l'intérêt réel que peut présenter ce catalogue de dons antiques, il nous permet encore de juger si nous avons été exact dans la tâche que nous avons entreprise de reconstituer l'état du tombeau à cette époque. Si nous donnons une signification claire à ces documents quelque peu obscurs, nous pourrons dire que nos théories nous ont conduits bien près de la vérité. Il nous paraît convenable de suivre l'ordre des papes, en énumérant les dons qu'ils ont faits pour le tombeau durant leurs règnes respectifs.

Sylvestre. « Sur le corps de S. Pierre, au-dessus du bronze placé sur le tombeau, Constantin plaça une croix en argent massif, suivant les dimensions du lieu *(in mensuram loci)* pesant 150 livres et portant cette mention : *Constantinus Augustus et Helena Augusta hanc domum regalem simili fulgore coruscans aula circumdat*, inscrite sur la croix même en lettres de *niello*.

Ici la plus grande difficulté est celle qui concerne la dimension de cette croix. L'interprétation la plus naturelle consiste à lui donner la même dimension que le *loculus* ou sarcophage, soit sept pieds de hauteur et quatre pieds de largeur pour les bras. Mgr Duchesne dans sa note sur cette croix, prétend que c'était probablement non une simple croix mais le monogramme bien connu ☧ ; sur quoi repose cette conjécture? on l'ignore. La « *domus regalis* » de l'inscription semblerait s'appliquer à la voûte dans laquelle est placé le sarcophage. L'inscription par elle-même est fautive et De Rossi a imaginé, pour lui donner un sens intelligible, l'insertion de ces mots *auro decorant quam* entre *regalem* et *simili*. En tout cas le sens est suffisamment clair pour indiquer que Constantin et Hélène, de même qu'ils avaient enrichi d'ornements en or l'*aula* de la basilique, avaient aussi décoré la construction dans laquelle était le corps.

Après Constantin, l'Église eut à soutenir le combat pour la vie contre la puissante hérésie arienne que favorisait l'influence des empereurs, et par suite nous ne trouvons aucune mention de nouvelles décorations du tombeau durant le IVe siècle. Néanmoins, dans le cours du siècle suivant, nous voyons S. Célestin (422) [1] offrir des candélabres pour y tenir des lumières. Ensuite, sous son successeur Sixte III (432), nous découvrons la trace d'un travail très curieux de décoration qui, si nous ne nous trompons pas, s'est conservé en grande partie jusqu'à cette heure. Nous lisons :

« Ce pape orna la Confession de l'apôtre S. Pierre de divers objets en argent, du poids de 400 livres. Et, à sa requête, l'empereur Valentinien offrit une image en argent, représentant douze portes et les douze Apôtres, ainsi que le Sauveur, et ornée de pierres précieuses. *(Imaginem auream cum XII portas et Apostolos XII et Salvatorem gemmis pretiosissimis ornatam)* ; elle est placée comme une offrande votive sur la Confession de S. Pierre, l'apôtre [2]. »

Nous pouvons nous faire une idée assez exacte de cette offrande votive de l'empereur Valentinien, attendu que, comme nous l'avons dit, il y a lieu de croire qu'il en reste encore quelques vestiges. Nous reviendrons plus longuement sur ce sujet dans un autre chapitre, lorsque nous aborderons l'examen détaillé des accessoires qui entourent actuellement le tombeau. Il semble que ce devait être une plaque d'argent longue, étroite, avec des ornements en relief ; au centre était représenté Notre-Seigneur, assis ; de chaque côté se voyaient six Apôtres, chacun debout sous un arceau. C'est là, semble-t-il, la pièce d'ornementation la plus remarquable que Saint-Pierre ait jamais possédée ; suivant les intentions du donateur, elle était placée « sur la Confession », c'est-à-dire immédiatement au-dessus de la niche et par conséquent immédiatement sous le

1. *Liber Pont.*, I, p. 230.
2. Paulinus Nolanus, *Epist.* XIII, ad Pammachium.

maître-autel. Il semblerait que cet ornement devait cacher la vue de la grosse pierre qui formait à la fois le dessus de la niche et la *praedella* de l'autel au-dessus. On y voit encore des traces de grosse maçonnerie.

S. Léon Ier, qui succéda à Sixte III, n'est pas cité pour avoir offert quelques dons à Saint-Pierre, qu'il fit seulement réparer et remettre à neuf. Les papes qui lui succédèrent se firent au contraire un plaisir de doter la basilique de différents objets, mais ces dons n'ayant qu'un rapport indirect avec la Confession, nous ne nous en occuperons pas davantage.

Nous trouvons dans S. Paulin de Nole, un Père de l'Église, qui écrivit dans le IVe siècle, un passage nous donnant une description de la basilique, telle qu'elle était dans son temps, sortant pour ainsi dire des mains de Constantin et de Sylvestre. Malheureusement cette description nous fixe peu sur l'état des lieux. Le Saint nous montre le grand concours de fidèles qui remplissait l'église, le *solium* élevé ou trône de l'Apôtre, entendant par là non son siège, mais la tribune sur laquelle s'élevait l'autel ; les lumières qui frappent tout d'abord les yeux des assistants, la grande élévation de la nef centrale, les portes à deux battants qui donnent accès dans l'édifice. Il nous parle de l'*atrium* avec sa fontaine centrale sous un dais, soutenu par quatre piliers et des marches qui conduisent à l'entrée. Cette description est imagée, une des plus imagées que nous possédions sur les églises de l'époque, en exceptant la basilique de Félix, dans son propre pays de Nole, dont le même Paulin nous entretient dans un autre ouvrage, et la basilique construite à Thyr par Constantin, minutieusement décrite dans les pages d'Eusèbe. Quoi qu'il en soit et tout imagée que soit cette description, elle ne nous apprend rien de ce qui nous occupe et nous ne pouvons que nous résigner à regret à la laisser de côté.

Mais nous avons, au VIe siècle, dans les œuvres de S. Grégoire de Tours (m. 595), la première description et en réalité la seule qui nous soit parvenue avec des détails sur les arrangements du tombeau, et l'explication de la manière dont les pèlerins manifestaient leur vénération à cette époque primitive. S. Grégoire n'alla jamais lui-même à Rome, mais il nous communique le récit détaillé de son diacre Agiulphus [1] qui avait fait ce pèlerinage. Voici en quels termes intéressants il s'exprime à ce sujet dans son livre *In gloria Martyrum :*

---

1. Cela a été prouvé par Mgr Duchesne, *Mélanges de l'école française*, 1882, p. 277.

« *Sepultus est (S. Petrus) in templo quod vocitabatur antiquitus Vaticanum... Hoc sepulchrum sub altari collocatum valde rarum habetur. Sed qui orare desiderat, reseratis cancellis, quibus locus ille ambitur, accedit super sepulchrum, et sic fenestrella parvula patefacta, immisso introrsum capite, quae necessitas promit efflagitat. Nec moratur effectus si petitionis tantum justa proferatur oratio. Quod si beata auferre desiderat pignora palliolum aliquod momentana pensatum jacit intrinsecus, deinde vigilans ac jejunans devotissime deprecatur, ut devotionis suae virtus apostolica suffragetur. Mirum dictu, si fides hominis praevaluerit, a tumulo palliolum elevatum, ita imbuitur divina virtute, ut multo amplius, quam prius pensaverat, ponderetur ; et tunc scit qui levaverit, cum ejus gratia sumpsisse quod petiit. Multi enim. et claves aureas ad reserandos cancellos beati sepulchri faciunt, qui ferentes pro benedictione priores, quibus infirmitates tribulantium medicantur. Omnia enim fides integra praestat. Sunt ibi et columnae mirae elegantiae candore niveo quatuor numero quae ciborium sustinere dicuntur* [1]. »

Il y a là quelques points obscurs, mais d'une façon générale, le sens est compréhensible et nous pouvons en donner la traduction suivante :

« S. Pierre est enterré dans une église appelée depuis longtemps le Vatican... Son sépulcre est placé sous l'autel et il est très rare qu'on y entre. Néanmoins, si quelqu'un désire y prier, on ouvre les portes qui en défendent l'entrée, et il parvient au-dessus du sépulcre ; là, il ouvre une petite fenêtre, y passe la tête et peut accomplir ses dévotions et exposer sa demande. Si cette demande est juste, le résultat ne se fait guère attendre. S'il désire emporter avec lui quelque souvenir béni, il jette sur la tombe un petit mouchoir qui a été auparavant soigneusement pesé, et alors, priant et jeûnant, il demande à l'Apôtre d'exaucer sa prière. Chose merveilleuse, si la foi du suppliant est solide, le mouchoir, une fois retiré de dessus de la tombe, est si bien rempli d'une vertu divine qu'il pèse plus qu'auparavant, et alors, celui qui le retire, sait qu'il a obtenu la faveur demandée. Plusieurs pèlerins font aussi fabriquer des clefs en argent, ouvrant les portes du Saint-Sépulcre, et ils emportent les anciennes clefs comme un précieux trésor, et au moyen de ces clefs, les infirmités des affligés sont guéries. Il y a là aussi des colonnes d'une merveilleuse élégance, blanches comme la neige, au nombre de quatre et l'on dit qu'elles soutiennent le dais de l'autel. »

1. *In gloria Martyrum*, c. 27, éd. Krusch ; ou Ed. Migne, *P. L.*., vol. 70, col. 728.

Ces détails concordent bien avec ceux que nous avons donnés en puisant à d'autres sources. Le sépulcre actuel, c'est-à-dire la pièce souterraine dans laquelle le sarcophage était placé, était rarement ouvert, et n'était pas accessible, même à cette époque reculée, à tous les visiteurs. Tout ce qu'ils pouvaient espérer obtenir, c'était de visiter la Confession sous l'autel. Celui auquel on accordait cette faveur traversait l'église pour arriver jusqu'aux portes qui se trouvaient au centre des six colonnes torses, formant un demi-cercle en avant de la Confession ; une fois ces portes ouvertes, il se trouvait en face du grand autel et de la niche de la Confession, située au-dessous. Il n'y avait pas d'escaliers à monter ou à descendre, le tout étant du même niveau. Il avançait, se courbait pour entrer dans la niche, ouvrait la petite fenêtre ou la grille établies dans le mur et se trouvait, non pas en présence de la tombe même, mais de l'espace libre entre la Confession et la voûte, espace qui avait jadis formé la partie la plus basse de la chambre supérieure ou *memoria*. Il était encore séparé de la voûte et du sépulcre actuel par une seconde grille ou « cataract », servant à fermer un orifice semblable à celui par lequel il pouvait voir les lieux que nous décrivons. L'habitude de faire descendre des mouchoirs ou autres objets pour toucher la tombe et pour les emporter ensuite comme reliques, s'explique facilement d'après ce que nous lisons dans d'autres auteurs. Il est certain que jusqu'au VIIIe ou IXe siècle, l'Eglise d'Orient avait pour règle de ne distribuer d'autres reliques de saints que ces mémentos et l'habitude de donner une partie des ossements des saints date seulement de l'époque où les corps des martyrs furent transportés des Catacombes où ils ne se trouvaient plus en sûreté dans les églises de Rome. Les clefs de la Confession, obtenues par le moyen que nous indique S. Grégoire, sont encore conservées dans plus d'une de nos églises.

Les quatre colonnes blanches dont il parle soulèvent une certaine difficulté. Probablement il a confondu les quatre colonnes de porphyre qui supportaient le dais de l'autel avec les six colonnes torses blanches qui formaient un portique devant la Confession, chose très admissible, puisqu'il n'est pas à notre connaissance qu'il ait jamais visité Rome lui-même ; nous savons, au contraire, qu'il a dû se fier aux descriptions qu'il tenait de tiers.

Revenons maintenant à la nomenclature des papes et de leurs dons au tombeau, mais, pour abréger, nous ne mentionnerons que ceux qui paraissent de nature à jeter quelque jour sur l'état des lieux.

S. Hormisdas régna de 514 à 523. En l'année 520, les autorités ecclésiastiques de Rome cédèrent à Justinien, qui n'avait encore que le titre de comte et n'avait pas encore pris possession du trône d'Orient, quelques reliques des saints Apôtres, destinées à une nouvelle basilique qu'il élevait à Constantinople en leur honneur. Le légat du pape, résidant dans cette ville, auquel il s'était adressé, lui avait appris qu'il n'était pas possible d'obtenir les premières reliques, mais on lui fit don des reliques secondaires, c'est-à-dire des objets qui avaient été placés sur les tombes et qui avaient été consacrés de cette manière, lui promettant, de plus, que ces objets seraient descendus par la deuxième « cataracte » si c'était possible *(si fieri potest ad secundam cataractam ipsa sanctuaria deponere)* [1].

Ce très intéressant passage a considérablement étonné les commentateurs, mais il nous semble parfaitement expliqué par ce que nous avons déjà dit. Le but que l'on voulait atteindre n'était pas de laisser séjourner les objets que l'on désirait faire consacrer dans la petite pièce intermédiaire, mais c'était de les faire descendre par la seconde ouverture sur la tombe même. Les mots « si cela était possible » semblent indiquer que c'était un privilège rare.

Pélage II (579-590) « couvrit le corps de l'apôtre S. Pierre avec des plaques d'argent doré [2] ». A première vue, nous serions portés à supposer que cela s'applique au sarcophage actuel et c'est l'interprétation que semble en donner Mallius, un écrivain du XIIe siècle, car il dit que le sarcophage est en argent. Mais S. Grégoire le Grand, successeur de Pélage sur le trône papal, nous apprend, dans une lettre qui traite cette question, que ce n'était pas sur le sarcophage mais sur le pied de la niche qu'étaient placées ces plaques d'argent doré. Voici comment s'exprime S. Grégoire : « Quand mon prédécesseur, de pieuse mémoire, fut désireux de changer l'argent qui est au-dessus des restes vénérés du saint Apôtre, seulement à une distance de quinze pieds de ce corps, il manifesta une grande crainte [3]. » Nous apprenons par là que la base de la niche était à quinze pieds au-dessus du sarcophage, précisément la distance que nous avons adoptée dans nos hypothèses.

S. Grégoire lui-même (590-604) passe pour avoir fait construire le *ciborium*, ou le dais qui recouvre l'autel et les piliers qui supportaient ce dais en argent ; c'est-à-dire probablement qu'il fit placer des plaques d'argent sur ces piliers. Lui aussi « *fecit ut super corpus beati Petri missae celebrantur* », « prit les dispositions né-

---

1. *Epist. leg. ad Horm. papam, inter Epp. Horm.* ; Thiel, *Epp. Rom. Pont.*, p. 873 ; Migne, *Pat. Lat.*, 63, col. 474 ; Labbe, *Conc.* V, p. 647.
2. *Lib. Pont.*, I, 309.
3. *Epist.* IV, 30, *ad Constantinam.*

cessaires pour que des messes pussent être célébrées sur le corps de S. Pierre [1] ». Cela pourrait vouloir dire qu'il organisa un service de messes, mais il est plus probable que cela veut dire que S. Grégoire le premier plaça un autel dans la pièce de la Confession sous la tribune, autel qui a été remplacé par l'autel actuel ; et qu'ainsi il facilita aux simples prêtres le moyen de dire la messe sur le corps du Saint, étant donné qu'alors, comme aujourd'hui, le grand autel était réservé à l'usage du pape lui-même ou à ceux qui avaient une autorisation spéciale de lui [2].

Honorius (625-638) « décora la Confession de S. Pierre d'ornements en argent massif [3] ».

Severin (640) « remplaça les mosaïques de l'abside [4] ».

Serge (687-701) « plaça des candélabres sur les poutres à l'entrée de la Confession [5] ». Ces poutres devaient former une architrave, reliant les sommets des six colonnes torses que Contantin avait placées. C'était là un accessoire indispensable à la solidité de ces colonnes et dans la suite il est fait plusieurs fois mentions de cette architrave.

S. Grégoire III (731-741) fut le premier des grands bienfaiteurs qui, successivement, enrichirent le tombeau. Il monta sur le trône à un moment critique, lorsque l'hérésie des Iconoclastes était à son apogée et répondit aux menaces de l'empereur Léon l'Isaurien, le persécuteur, non seulement en refusant de détruire les images des Saints qui se trouvaient à Saint-Pierre et spécialement la fameuse statue en bronze, objet de la haine de l'empereur; mais même en augmentant leur nombre et leur éclat.

« Il apporta six colonnes torses en marbre, qui lui avaient été données par Eutychaeus l'exarque, et les plaça dans le chœur, en face de la Confession, trois du côté droit, trois du côté gauche, près des autres six colonnes qui s'y trouvaient déjà et avec lesquelles elles s'harmonisaient [6]. »

Le plan d'Alfarano publié environ cent ans après la démolition de cette partie de l'ancienne église de Saint-Pierre, montre ces douze colonnes en deux rangs de six chacun ; cet arrangement a été adopté sans hésitation par tous les écrivains qui ont traité ce sujet. Il est cependant en contradiction avec la seule autorité

---

1. *Lib. Pont.*, I, 312.
2. Voir comme preuve l'histoire de S. Gérard de Tours, qui tenta inutilement d'obtenir ce privilège, *Acta Ep. Tull.*, cap. V.
3. *Lib Pont.*, p. 323.
4. *Ibid.*, p. 328.
5. *Ibid.*, p. 375.
6. *Lib. Pont.*, I, p. 417.

qui soit presque contemporaine de cette époque-là, c'est-à-dire avec
la peinture à fresque bien connue de Raphaël, qui représente la
donation de Constantin et dans laquelle il n'existe qu'un rang de
colonnes. L'interprétation naturelle de ce passage est que Grégoire
plaça trois colonnes de chaque côté de manière à ce que ces nouvelles colonnes et les six qui s'y trouvaient déjà, environnassent un
certain espace en avant de la Confession. Cette interprétation est
confirmée par le détail qui vient ensuite de la liste de ses dons
et qui nous dit : « que sur ces colonnes il plaça des poutres couvertes d'argent, représentant d'un côté le Sauveur et les Apôtres
et de l'autre côté la Mère de Dieu et les vierges saintes, et par-
dessus il fixa des lis et des candélabres d'argent ». Nous devons
noter aussi, et cela confirmera ce qui précède, qu'il y avait certainement à Saint-Paul [1] des décorations de ce genre et que les
deux basiliques se copiaient constamment dans leur arrangement.
Du reste, si l'on essaie de développer sur une large échelle le plan
d'Alfarano, on s'aperçoit immédiatement qu'il est impossible qu'il
soit inexact.

Paul Ier (757-768). Sous le règne de ce pontife, le roi de France,
Pépin, fit don à la basilique d'un autel (mensa). Nous avons encore
la lettre écrite par le pape au roi, annonçant que l'autel est arrivé
à Rome et qu'il a été transporté en grande pompe dans (infrâ)
l'église (aula) du Prince des Apôtres et présenté, par les envoyés
chargés de cette mission, « dans la sainte Confession, sur le corps
de celui qui tient les clefs du royaume du ciel [2] ».

Le pape continue en disant qu'il a lui-même consacré cet autel
qui restera à jamais dans cette église.

Il paraît assez normal de supposer que cet autel a été placé dans
la chapelle de la Confession, sous la tribune. Nous avons déjà
vu qu'il y a tout lieu de croire que S. Grégoire le Grand avait déjà
placé un autel dans cette chapelle. Dans ce cas, le nouvel autel,
plus somptueux évidemment que le précédent, devait le remplacer.
S. Grégoire ne fait pas placer lui-même un autel en cet endroit,
contrairement à notre opinion, il pourrait se faire que celui de
Pépin fût le premier qui ait été mis là.

Adrien Ier (772-795) se montra ensuite très généreux pour orner
le tombeau. « Il recouvrit d'argent massif, évalué à 150 livres, le
pavé devant les portes (rugae) à l'entrée de la Confession [3] »,
c'est-à-dire évidemment tout l'espace compris entre les colonnes

---

1. Voir un dessin de M. Brewer dans S. Ignace de Loyola, par Stewart Rose.
2. Cité par Borgia, Vaticana Confessio, p. 200.
3. Lib. Pont., I, pp. 499-503.

torses. Lui aussi donna un « grand candélabre ayant la forme d'une croix pour placer devant le chœur. Il se composait de 1365 branches et il voulut qu'on l'allumât quatre fois par an, c'est-à-dire à Noël, Pâques, pour la fête des Apôtres, et le jour de la fête du Pontife ». Ce grand candélabre aurait beaucoup d'analogie avec celui, de dimensions moindres, que l'on peut encore voir à Saint-Marc de Venise, ou avec ceux qui existent dans d'autres églises d'Italie, dont le dessin forme deux croix entrelacées et propres à porter un grand nombre de flambeaux. Ce candélabre, ou dans tous les cas un candélabre de même genre, a servi dans l'ancienne basilique jusqu'en 1606, époque de sa destruction définitive et l'on en voit une grossière reproduction dans les pages de Ciampini [1]. « Lui aussi fit faire six reproductions *(imagines)*, couvertes de plaques d'argent et dont trois se trouvaient placées au-dessus des portes, à l'entrée du chœur » et représentaient Notre-Seigneur, S. Michel et S. Gabriel ; la reproduction de la Sainte Vierge entre S. André et S. Jean se trouvait sur les secondes portes, c'est-à-dire au milieu du chœur *(presbyterium)*. » Il est évident que ce mot « *presbyterium* » s'employait à cette époque pour désigner le chœur tout entier et par conséquent les portes placées « au milieu du chœur » étaient celles qui se trouvaient entre les colonnes torses. De plus « il orna toute la Confession de plaques d'or pur représentant divers événements historiques *(historiis)* et fit construire de nouvelles portes *(rugas)* d'argent dans le chœur, du côté des hommes et du côté des femmes et aussi d'autres portes à l'extrémité du chœur, en face de la Confession ». Dans la Confession même, il plaça « une image en or dans la forme des Évangiles » *(imaginem in modum evangeliorum)* et fit clôturer la Confession avec des grilles d'or qui atteignaient, dit-on, le poids fabuleux de 1328 livres.

Adrien fut donc de beaucoup le plus généreux de tous les donateurs de Saint-Pierre depuis Constantin, et cette énumération de ses dons concorde bien avec tout ce que nous savons du tombeau. De plus, c'est sous son règne que Charlemagne accomplit son voyage à Rome et son pèlerinage à la tombe de S. Pierre et nous trouverons dans le détail de ces événements de très importants renseignements.

Charlemagne vint à Rome en la fête de Pâques de 774. Les magistrats et sénateurs se rendirent à sa rencontre à 30 milles de la ville et, à une distance moindre, un autre cortège vint le recevoir avec des croix et des bannières consacrées. Dès que l'empereur

1. Ciampini, *De sacris aedificiis.*

aperçut la croix, il mit pied à terre, ainsi que toute sa suite et le voyage se continua à pied. Le pape l'attendait à Saint-Pierre, au pied des grands escaliers qui partaient de la place devant l'église. Charlemagne en gravit les marches à genoux, suivant la coutume des dévots pèlerins, baisant chaque marche à mesure qu'il la franchissait. Arrivé à l'extrémité, il embrassa le pape, et tous deux entrèrent côte à côte dans l'église, tandis que le chœur entonnait l'antienne : « Béni soit celui qui vient au nom du Seigneur. » Ils arrivèrent ensemble en face de la Confession et tous les deux s'agenouillèrent pour prier. Ensuite le pape et l'empereur, ainsi que les magistrats romains et francs « descendirent vénérer le corps de S. Pierre » (descendentes pariter ad corpus beati Petri) [1].

Mais ce fut le vendredi de la semaine de Pâques qu'eut lieu la plus importante cérémonie. Ce fut la fameuse « Donation de Charlemagne » qui confirma les dons de son père Pépin, et qui étendit les territoires concédés dès ce jour aux papes. La cérémonie eut lieu à Saint-Pierre et l'acte de donation fut déposé très solennellement, d'abord sur l'autel de Saint-Pierre et ensuite dans « sa sainte Confession ». La signature y fut apposée séance tenante « sur le corps de S. Pierre et sous les Évangiles qui furent baisés ». Cette mention des Évangiles semble indiquer assez clairement que cette cérémonie eut lieu dans la niche sous l'autel, mais nous ne nous trompons certainement pas en disant que cette visite faite au corps de S. Pierre, le samedi de la semaine de l'arrivée de l'empereur, suppose que le caveau actuel du sépulcre était ouvert en son honneur ; car évidemment on ne peut supposer qu'il s'agisse simplement de la chapelle sous la tribune de l'église, et l'empereur a dû s'approcher des reliques plus qu'il n'aurait pu le faire par la Confession ou par la chapelle placée en arrière, car elle ne donnait pas accès sur les reliques mêmes et ne semble pas avoir joui d'une grande vénération à cette époque. Nous pouvons remarquer aussi, en passant, qu'aucun des dons d'Adrien ou de ses prédécesseurs n'a été destiné à son embellissement. Nous avons, d'ailleurs, une autre preuve de l'existence de cette chapelle à cette époque, et nous savons que c'était un lieu de pèlerinage par le récit du pèlerin d'Einsiedeln, qui visita Rome aux environs du VIIIe siècle. D'après ce récit, ce pèlerin, avant d'aller à la Confession, se rendit « par les cryptes, à la tête de S. Pierre [2] ». Cela veut dire, très certainement, à la chapelle et à l'autel de la Confession qui était

1. Lib. Pont., 1, p. 497.
2. De Rossi, Inscr. chr., II, 20.

situé tout près, quoique non immédiatement au-dessus, de l'extrémité du sarcophage où reposait la tête de l'Apôtre. C'est donc à
bon droit que nous supposons que Charlemagne descendit dans
le souterrain pour visiter la tombe ; le fait a une grande importance
car il indique que le souterrain et la tombe étaient encore accessibles
et qu'il était permis en de rares occasions de les voir, au moins en
774.

    S. Léon III fut le successeur d'Adrien et il se montra aussi très
généreux dans l'embellissement du tombeau qui atteignit alors l'apogée de sa splendeur. La liste de ses dons remplit plusieurs pages,
mais c'est à peine si quelques-uns ont de l'importance pour nous.
« Dans la Confession, il fit construire des portes *(rugas)* d'or
massif, ornées de pierres précieuses » [1]. « Il plaça plusieurs candélabres d'argent autour de l'autel et dans le chœur. Il fit établir
un nouveau sanctuaire en marbre magnifique » (cela nous prouve
à nouveau que *presbyterium* doit toujours s'entendre, lorsqu'on
parle de Saint-Pierre, de l'enceinte du chœur). Il couvrit le devant
de l'autel, de bas en haut avec des plaques d'argent, et dans la
Confession il plaça des images du Sauveur debout, ayant S. Pierre
à sa droite, et S. Paul à sa gauche, et il couvrit d'or le mur de la
Confession [2] ». Ces images étaient apparemment en mosaïque et
il est très possible que celle de Notre-Seigneur, que l'on peut encore
voir aujourd'hui en arrière de la niche de la Confession, soit la
même que S. Léon y plaça. Celles de S. Pierre et de S. Paul y
sont également encore, mais elles ont été entièrement remises à
neuf. Il plaça des colonnes torses à l'entrée du corps *(in ingressu
corporis)* du côté droit et du côté gauche et à l'extrémité du chœur
à droite et à gauche, c'est-à-dire du côté des hommes et du côté
des femmes. Ces colonnes étaient au nombre de huit de chaque côté,
pesant ensemble 190 livres, les huit arches d'argent, pesant 143
livres [3]. Ici, l'expression peu usitée, « à l'entrée du corps », semble tout naturellement indiquer les portes qui donnaient accès à la
fois au passage circulaire menant à la chapelle de la Confession,
et aux escaliers conduisant au caveau. « Il plaça une image en or
représentant le Sauveur, sur la poutre placée au-dessus de l'entrée
du vestibule. » « Il couvrit d'argent massif la poutre placée au-
dessus des images en or de l'entrée du vestibule. » Ce vestibule,
c'est évidemment l'espace situé au-devant de la Confession, mais la

1. *Lib. Pont.*, II, p. 1, *seq.*
2. *Lib. Pont.*, II, p. 14
3. *Ibid.*, p. 16.

position des poutres et des images nous déroute un peu, et la page suivante n'est pas de nature à nous remettre dans la bonne voie ; voici comment elle s'exprime : « Il mit des anges d'argent doré à droite et à gauche de la façade de la Confession, et deux autres anges placés sur la plus grande poutre au-dessus de l'entrée du vestibule, à droite et à gauche de l'image dorée du Sauveur. » Apparemment une architecture devait couronner les colonnes torses. Cette architrave était couverte de plaques d'argent avec des figures en relief. Au-dessus se trouvaient les lis et les candélabres de Grégoire III. Il est à supposer qu'au-dessus de la porte d'entrée et au centre était placée une seconde colonne plus élevée, qui n'était peut-être que le *regularis* qui nous est indiqué comme existant à cette place, ornement dont personne ne peut définir la nature exacte. Mais cependant, étant donné qu'il y a là tant de points obscurs, il est impossible de prétendre arriver à reconstituer avec quelque chance d'exactitude l'état des lieux.

Le pontife suivant, Pascal Iᵉʳ (817-824), s'occupa surtout de ramener les corps des martyrs des Catacombes et de préparer les églises qui devaient les recevoir dans la ville, et par conséquent il ne fit rien pour ajouter un nouvel éclat à l'embellissement du tombeau. Mais néanmoins il construisit un grand et bel oratoire dans la basilique et le dédia à S. Processus et à S. Martinianus ; il éleva aussi un autel à S. Sixte, à l'endroit situé « *ante aditum qui ducit ad corpus in loco Ferrata*[1] » ; c'est-à-dire en face de l'entrée méridionale menant au passage circulaire sous la tribune et près des grilles qui clôturaient l'espace situé en face de la Confession. Il y a donc lieu de croire que l'accès à la voûte était encore libre en 820.

En 845, sous le règne de Sergius II, Rome eut encore une fois l'honneur d'une visite impériale, cette fois en la personne de Louis II, mais il n'obéissait pas, en faisant cette visite, à de pieux motifs ; il était guidé, au contraire, par le dépit qu'il avait conçu de ce que son assentiment à l'élection du pape n'avait pas été demandé. Il fut reçu de même que Charlemagne et s'agenouilla devant la Confession. Remarquons pourtant qu'ici il n'est pas fait mention de visite au corps de S. Pierre. Cela indique soit que l'accès en avait déjà été fermé, soit plutôt que Louis n'était pas jugé digne d'un si grand honneur.

Nous arrivons maintenant à la grande crise de l'histoire de S. Pierre, la seule époque en réalité où les reliques aient couru

---

1. *Lib. Pont.*, **II**, p. 53.

quelques risques de profanation. Ce fut l'époque de l'envahissement
de Rome par les Sarrasins, en 847. Dans les invasions précédentes
des Goths et autres nations du Nord, la tombe avait été respectée
par les envahisseurs [1] qui, bien que non catholiques, étaient ariens
et avaient de la vénération pour l'Apôtre et pour son tombeau,
tandis que les Sarrasins, étant mahométans, n'avaient pas de pa-
reils scrupules. Pendant quelques années, ils ravagèrent les côtes de
l'Italie, après s'être emparés de la Sicile, dont ils firent le centre et
la base de leurs opérations. En 843, ils avaient ravagé le Mont-Cas-
sin, mais à cette époque ils convoitaient la riche proie que leur offrait
la ville de Rome. Les détails que nous avons sur ces événements
ne sont rien moins que clairs, car les manuscrits du *Liber Pontificalis* s'arrêtent malheureusement juste au moment le plus intéressant et les autres chroniqueurs contemporains ne nous donnent
guère de renseignements. Il semble pourtant que les Sarrasins remontèrent le Tibre et assiégèrent la ville. Celle-ci fut préservée par
ses remparts, mais les envahisseurs s'emparèrent des deux grandes
basiliques qui étaient en dehors des murs de la ville. Prudence de
Troyes nous apprend qu'ils occupèrent Saint-Pierre et qu'en se
retirant, quelques jours après, « ils emportèrent tous les ornements
et tous les trésors, ainsi que l'autel qui avait été élevé sur la tombe
des Apôtres [2]. » Nous devons, pour le moment, nous contenter de
cette courte mention, mais nous espérons pouvoir démontrer dans
un chapitre suivant que l'édifice porte encore les traces des dégâts
qu'ils y commirent. Sans doute il avait été possible de sauver quelques trésors en les emportant dans la ville, mais une grande partie
dut être pillée et, bien que le plus précieux de tous les trésors, c'est-
à-dire les dépouilles sacrées de S. Pierre aient été respectées, suivant toutes probabilités, néanmoins il est bien certain que c'est
avec un serrement de cœur que les Romains retournèrent dans la
basilique, après le court séjour des Sarrasins. Ils trouvèrent l'autel
détruit, le tombeau renversé et dépouillé des ornements d'or et des
bijoux qui le décoraient, l'église tout entière profanée et souillée
par la soldatesque infidèle. Voilà dans quelles tristes circonstances
S. Léon IV (847-855) monta sur le trône. Immédiatement, il se mit
à l'œuvre avec une indomptable énergie pour réparer tout le mal
qui avait été commis et essayer de rendre au monument son ancienne splendeur. Mais c'était une tâche trop lourde pour un seul
homme, et le tombeau de S. Pierre ne retrouva plus jamais l'éclat

1. Orosius, *Hist.*, VII, 39. Voir aussi Gibbon, *Decline and Fall*, chap. XXXI.
2. *Annales Bertiniani* (Prudentius Trecensis), ann. 846

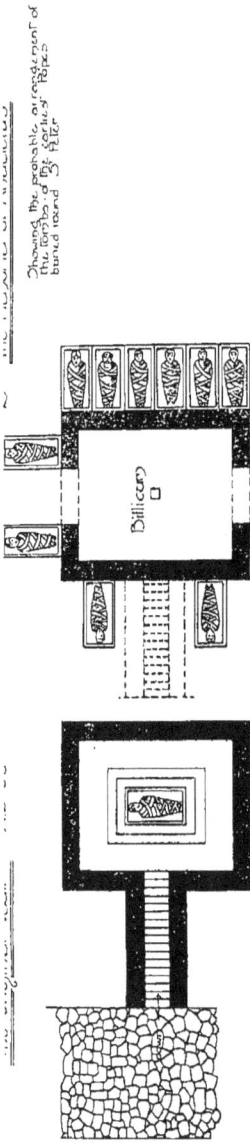
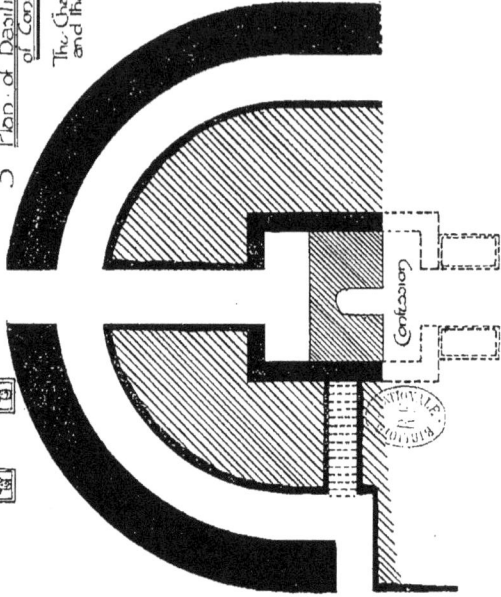
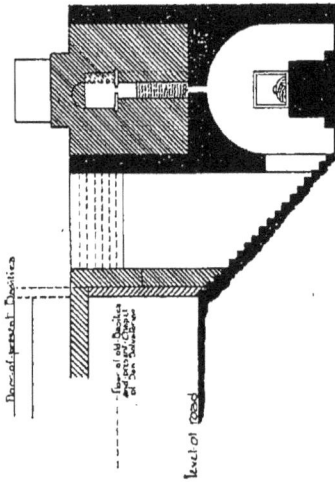

Showing the probable arrangement of the tombs of the Early Popes buried round St. Peter.

3. Plan of Basilica of Constantine.

The Chapel under the Tribune and the Confession.

Basilica

Confession

Le tombeau de Saint Pierre.

Present Basilica

Floor of the Basilica of Constantine or San Salvatore.

Level of road

4. Section

Scale

UNE ESQUISSE POUR MONTRER LE DÉVELOPPEMENT PROBABLE DE LA TOMBE.

6

des anciens jours. Cependant, de grands travaux furent accomplis,
et autant que possible l'édifice fut remis dans le même état, mais il
fallut parfois se contenter de matériaux moins précieux, et beaucoup
d'ornements en or furent remplacés par d'autres en argent. L'autel
fut bientôt réparé et décoré de plaques d'argent de telle sorte qu'on
assure qu'il était plus magnifique qu'auparavant [1]. Après l'autel, ce
fut le tour de la Confession qui fut ornée de plaques d'argent « où
nous voyons le Seigneur assis sur son trône et ayant à sa droite les
Chérubins et à sa gauche les figures des Apôtres et autres ». Le
pape « fit aussi des portes d'argent du poids de 208 livres pour la
sainte Confession, avec les figures de S. Pierre et S. Paul ». Lui
aussi, comme beaucoup d'autres bienfaiteurs, répara le *ciborium*
ou dais de l'autel et les portes du vestibule de la Confession et
couvrit de nouveau les architraves de plaques d'argent ; il répara
les candélabres et leurs accessoires et remit le tout en bon état, de
telle manière que la tombe commença à présenter un caractère de
grande magnificence. A sa mort, les travaux de restauration cessèrent. La dernière moitié du IXe siècle et tout le Xe furent des jours
de deuil à Rome et il ne fallait pas pour le moment penser à rehausser l'éclat de la basilique. Il nous faut arriver au XIe siècle
et à l'époque d'Hildebrand pour trouver quelque relation digne
d'être mentionnée. Il y a pourtant, même à cette époque, une ou
deux donations assez remarquables. Benoît III (855-858) donna un
couvert en or pur pour le *billicum* ou « cataract » supérieur de
la Confession, c'est-à-dire évidemment le petit orifice dans le mur,
la *fenestrella* ou petite fenêtre de S. Grégoire de Tours [2]. Sous son
règne vint à Rome, comme y étaient déjà venus avant lui quelques-
uns de ses prédécesseurs, Ethelwulf d'Angleterre avec son jeune fils
si célèbre dans la suite sous le nom d'Alfred le Grand. Il fut attiré
sans doute par sa dévotion à S. Pierre et à sa tombe comme tant
d'Anglais de cette époque. Le *Liber Pontificalis* fait allusion à ce
voyage et il en est longuement parlé dans Prudence de Troyes et
dans l'*Anglo-Saxon Chronicle*. Suivant cete dernière autorité Ethel
wulf demeura à Rome un an tout entier et il laissa Alfred à la
cour du pape pour y faire son éducation ; c'est donc à Rome et
auprès du pape lui-même qu'il apprit l'exercice de ces vertus qu'il
sut, par la suite, si bien mettre en pratique. Ce qui nous intéresse
pour l'heure, ce sont les dons que fit Ethelwulf au tombeau de
S. Pierre. Il donna une couronne et autres ornements en or, sans

1. *Lib. Pont.*, II, p. 106, *seq.*
2. *Lib. Pont.*, II, p. 146

compter de nombreux ornements et par un acte régulier, il greva ses propriétés d'une rente perpétuelle de 300 couronnes qui devaient être annuellement envoyées à Rome et dont 100 devaient être consacrées à l'illumination de la basilique de Saint-Pierre le Samedi-Saint et le jour de Pâques [1].

Nous arrivons au XIe siècle, et à l'époque où des jours plus fortunés luisent pour l'Église de Rome. Pendant ce siècle et le suivant, pas de mention de dons remarquables, mais nous avons trois documents assez intéressants qui nous parlent de la condition du tombeau : la lettre de S. Pierre Damien à l'impératrice Agnès, écrite aux environs de 1070 ; les écrits liturgiques qui portent le nom de Benoît le Chanoine, et l'histoire de la basilique du Vatican, par Pierre Mallius ; ces deux derniers ouvrages du XIIe siècle. S. Pierre Damien rappelle à l'impératrice une confession générale qu'elle lui a faite à Saint-Pierre, dans un endroit que nous reconnaissons tout de suite pour la chapelle souterraine de la Confession sous la tribune, endroit qui partageait encore, c'est intéressant à noter, le nom de « la Confession » avec la niche sous le grand autel. « Puissent, dit-il, tous ceux qui accourent fouler ce sol où reposent les Apôtres, imiter fidèlement l'exemple de ta piété qui me fit asseoir devant le saint autel, sous la secrète Confession (sub arcana confessione) de S. Pierre, et te porter à faire, avec de profonds soupirs et de larmes amères, devant moi, comme si S. Pierre était réellement présent, l'aveu sincère des péchés les plus cachés et les plus légers qui ont pu marquer la faiblesse humaine, de toutes tes pensées vaines ou superflues, depuis l'époque où, jeune enfant de cinq ans, tu venais à peine d'être sevrée [2]. »

Le document qui vient ensuite, est un passage du *Polyptyque* de Benoît le Chanoine, datant du milieu du XIIe siècle et très intéressant. Il décrit le service du troisième dimanche de l'Avent à Saint-Pierre et nous dit comment, à un certain moment, le pape « descend auprès du corps et encense l'autel sur le sépulcre de S. Pierre, et s'assied là sur un banc (subsellio) avec le candélabre devant lui », tandis que l'on chante les Vigiles. Ensuite « il monte au grand autel et l'encense, puis descend à la « *pectorale* » devant l'autel avec les diacres autour de lui. Les évêques se tiennent à l'autre « pectorale », les cardinaux dans le chœur, avec les chanoines de l'église. Les camériers portent les torches devant le pape et il com-

---

1. Voir Baronius, *Annales*, X, ann. 647-845 ; Matt. Westm., ann. 654 ; *Asser s Life of Alfred.*
2. Ep. IV ; *ad Agnetem.*

mence à chanter Matines [1]. » Ici tout est clair. L'autel sur le sépulcre est peut-être l'autel de la chapelle de la Confession, mais
il est plus probable que c'est la niche actuelle de la Confession,
tout l'espace qui se trouve sous le grand autel étant considéré
comme une partie de l'autel même. Suivant ce document, les Vigiles
étaient chantées dans le « vestibule », en face de la Confession, le
grand autel étant encensé entre Vigiles et Matines, et alors, à Matines, le pape passait au-dessus des colonnes torses et prenait place
à l'Ouest, c'est-à-dire au côté le plus près de l'autel, à l'extrémité
du chœur. Notons que « Vigiles » et « Matines » formaient deux
services distincts, un office double étant dit à cette époque-là à
Saint-Pierre.

Benoît ne relate pas, en ce qui concerne Saint-Pierre, une très
intéressante cérémonie qui a lieu pour la fête de S. Pierre et de
S. Paul. Cependant il nous parle d'une cérémonie identique à Saint-
Paul, ce jour-là. Comme nous savons par un *ordo* romain de l'époque, que la même coutume existait à Saint-Pierre, nous allons en
parler puisqu'elle nous intéresse. Voici en quoi consistait cette
coutume : Une fois la quatrième leçon de Matines chantée, le pape
descendait à l'*arca*[2] ou retrait de la Confession et là il retirait de
l'endroit situé sous le « *billicum* », aujourd'hui relevé, un encensoir
qui s'y trouvait suspendu à un crochet, depuis la même fête de
l'année précédente. Le charbon qui était dans l'encensoir était dis-
tribué au peuple par l'archidiacre, et passait, une fois réduit en
poudre et mélangé avec de l'eau, pour être un remède souverain
contre la fièvre. L'encensoir était alors rempli de nouveau et l'on
mettait sur le charbon une chandelle de verre remplie d'encens.
(*Candelam vitream plenam incenso.*) Ensuite, il était replacé dans
l'orifice, le couvercle était posé au-dessus et il demeurait là pour
l'année suivante [3]. Il serait intéressant de savoir à quelle date
cette cérémonie, qui certainement était encore en usage au XIIIe
siècle, fut interrompue et pourquoi elle le fut. Nous pouvons conjecturer que c'était là une pratique très ancienne, si nous nous en
reportons à ce que dit le *Liber Pontificalis* du don des encensoirs
destinés à cet usage. On dit que S. Léon III offrit à l'église de
Saint-Pierre un encensoir en or, pesant deux livres et cinq onces.
Il en donna deux à l'église de Saint-Paul, un qui pesait deux livres,
et l'autre absolument semblable à celui dont il aurait fait don à

1. *Apud* Mabillon, *Mus. Ital.*, II, 122.
2. Incorrectement imprimé *area* dans Mabillon.
3. Mabillon, *Mus Ital.*, II, 150.

Saint-Pierre. En ce qui concerne ce dernier, il est dit qu' « il le plaça au-dedans sur le corps du Saint [1] ». Les Sarrasins s'emparèrent-ils de celui de Saint-Pierre ? Nous ne sommes pas fixés sur ce point, mais il est probable que oui, car nous savons que, parmi les dons faits par S. Léon IV, en réparation du dommage causé à la basilique, figurait « un encensoir de l'or le plus pur, orné de pierres précieuses [2] ».

Nous arrivons au troisième et dernier témoignage de cette époque, l'histoire de la basilique du Vatican, écrite par Pierre Mallius, avec le grand espoir d'y trouver des renseignements très importants et très intéressants. Malheureusement ce livre, tout en ayant un grand prix pour ce qui intéresse l'historique général de la basilique, ainsi que l'ordonnance et les privilèges de ses autels, ne jette pas un grand jour sur l'aspect du tombeau à cette époque. Cependant, nous pouvons former nos conjectures en dehors de ce que nous apprend cette histoire, et souvent le silence est aussi éloquent que les paroles. Ici, en particulier, nous pouvons conclure que cette absence de toute mention d'un passage donnant accès à la tombe, indique que cet accès avait été fermé bien longtemps avant et même depuis si longtemps que le souvenir de l'existence de ce passage s'était depuis longtemps évanoui. Étant donné que le but de l'ouvrage était la glorification de la basilique du Vatican, comparée avec celle de Latran, en tenant compte du grand nombre et du caractère particulièrement vénérable des tombes des Saints qui s'y trouvaient, un pareil silence serait inexplicable, si à ce moment-là il eût existé quelques moyens d'accès au caveau sépulcral [3]. Mallius écrivait vers le milieu du XIIe siècle et son silence nous permet de réfuter l'assertion de Michel Lonigo, qui vivait au XVIe siècle et dont les renseignements sur la Confession du Vatican sont résumés dans les pages de Bonani [4]. Lonigo prétend que c'est le pape Innocent III, qui vivait quelque cinquante ans après que Malius eut publié son ouvrage, qui ferma définitivement le tombeau et en interdit l'accès, et cela de crainte que les reliques fussent enlevées par les antipapes de ce temps-là et emportées à Constantinople ou en quelque autre ville étrangère. Un pareil motif ne semble pas suffisant pour légitimer cette mesure et, comme cette version de Lonigo n'est corroborée par aucune autorité indépen-

---

1. *Lib. Pont.*, II, p. 18.
2. *Lib. Pont.*, II, p. 119.
3. Les passages importants de Mallius ont été reproduits par De Rossi, *Insc. chr.*, II, 199 *seq.*
4. *Hist. Templi Vatic.*, seulement la 2e édition.

dante, que, d'un autre côté Lonigo est un écrvain dont il faut se
méfier, car il excelle à tirer des faits qu'il énonce des conclusions
erronées, nous pouvons négliger son affirmation. Il n'en subsiste
pas moins qu'elle a été acceptée comme historique par nombre
d'auteurs postérieurs et spécialement par Mignanti dans son histoire de la basilique du Vatican [1]. Cet écrivain, non content de
suivre Lonigo quand celui-ci dit que c'est Innocent III qui ferma
l'accès de la tombe, entre encore à ce sujet dans des détails aussi
minutieux qu'inexacts, détails éclos dans la seule imagination d'un
écrivain qui n'était guère au courant de l'état probable du tombeau
et de ses accessoires, soit avant, soit après ces changements plus
que douteux. Mais, bien que nulle preuve historique ne nous autorise à supposer qu'Innocent III fît des transformations pareilles,
il est néanmoins très vrai que son nom doit être mêlé à l'histoire
de la Confession de S. Pierre. Son nom figure encore sur la grille
en bronze doré qu'il fit placer au-dessus de la niche ; on y lit aussi
l'inscription suivante :

SIC CUM DISCIPULIS BIS SEX CHRISTUS RESIDEBIT
CUM REDDET CUNCTIS POPULIS QUOD QUISQUE MEREBIT
TERTIUS HOC MUNUS DANS INNOCENTIUS UNUS
SIT COMES IN VITA TIBI PETRE COISRAELITA.

Généralement on supposait que cette grille formait la partie supérieure des portes qui fermaient la niche de la Confession et que
la partie inférieure, où sont les portes actuelles, a été perdue. C'est
une opinion que nous ne pouvons adopter. Les portes placées en
façade par Léon IV, y étaient encore très probablement au XII⁰
siècle, ét même peut-être plus tard. La grille d'Innocent III semble
plutôt avoir été placée là pour préserver des baisers des fidèles
les objets placés derrière elle. Elle se trouvait donc au delà des
portes extérieures, exactement placée comme maintenant et visible
seulement quand ces portes étaient ouvertes.

Cela nous amène, en ce qui concerne le tombeau, à la fin du
moyen âge. Les papes qui vinrent ensuite firent subir quelques
modifications à la basilique, mais rien ne concerne la Confession
ou ses alentours, sauf ce que nous lisons dans un ancien *Martyrologe*, appartenant à la basilique, à savoir, que le grand autel fut
replacé et reconstruit en 1122. Nous connaissons donc tout ce qui

1. Mignanti, *Basilica Vaticana*, I, p. 178.

a été dit et décrit concernant les dispositions du tombeau. Nous avons bien le droit de constater que non seulement nous n'avons rien trouvé qui démente les conclusions auxquelles nous sommes arrivés par une voie différente, mais au contraire, ces conclusions se trouvent justifiées et confirmées.

CHAPITRE V.

MODIFICATIONS DES XVe, XVIe ET XVIIe SIÈCLES.

Lorsque les papes retournèrent à Rome après un séjour de soixante-dix ans à Avignon, ils trouvèrent, comme il fallait s'y attendre, les églises et autres édifices religieux dans un état de délabrement extrême. Lorsque Martin V fit son entrée solennelle à Rome, le 30 septembre 1420, salué par les applaudissements enthousiastes du peuple, la ville, nous dit un de ses biographes, était dans un si terrible état de misère que « c'est à peine si elle avait les apparences d'une ville [1] ». A Saint-Pierre même, le dénûment était tel que, en 1414, « en la fête même de S. Pierre et S. Paul, il fut impossible de se procurer une lampe devant la Confession du Prince des Apôtres [2] ». Les autres édifices avaient également considérablement souffert durant les vicissitudes du schisme. Plusieurs maisons étaient en ruines; un grand nombre d'églises n'avaient plus de toiture, d'autres avaient été converties en écuries. La cité Léonienne était déserte ; les rues conduisant à Saint-Pierre, le portique même de l'église étaient en ruines ; les murs de la ville étaient démolis en cet endroit, de telle manière que, durant la nuit, les loups, abandonnant les campagnes désolées, envahissaient les jardins du Vatican, et déterraient les cadavres dans le champ de repos [3].

Tel était le triste état de Rome en 1420 ; il était donc urgent de faire immédiatement les efforts les plus énergiques pour préserver ce qui restait debout et empêcher le désastre de devenir complet. Le pape fit appel aux cardinaux pour réparer leurs églises titulaires. Il se chargea lui-même des paroisses et des basiliques. A Saint-Pierre on dépensa de grandes sommes pour les réparations de la voûte. Le pape donna, sur son trésor, 50,000 florins d'or. L'*atrium* et les colonnades qui l'entouraient furent aussi réparés et décorés. Pour consacrer dignement le souvenir de ces travaux et d'autres travaux semblables dans d'autres églises, on frappa une médaille

---

1. *Vita Martini V*, in Muratori, III, 2, 864.
2. Muratori, *Rerum Italicarum scriptores*, XXIV, 1043.
3. Pastor, *History of the papes*, I, 215.

avec le portrait de Martin V d'un côté, et de l'autre, la façade d'une basilique avec la légende « *Dirutas ac labantes urbis restaur. eccles.* »

Les réparations exécutées par Martin V ne furent cependant pas suffisantes pour remettre en état le grand édifice et à peine quelques années plus tard, c'est-à-idre sous Nicolas V, qui régna au milieu du XVᵉ siècle, son état devint assez alarmant pour nécessiter des projets de reconstruction. Deux grands architectes de l'époque, Alberti et Rossellino, furent appelés de Florence, pour donner leur opinion et fournir les plans de restauration. Nous n'entrerons pas ici dans des détails concernant les divers projets mis en avant soit alors soit dans le cours du siècle suivant [1] ; l'histoire de la reconstruction de Saint-Pierre et des modifications apportées dans la suite du temps à la construction de la nouvelle église nécessiterait tout un volume et n'est pas d'ailleurs liée intimement à l'histoire de la tombe. Contentons-nous de dire qu'un vaste projet fut adopté et qu'il comportait sinon la construction de toute l'église, du moins celle de la partie occidentale et que, immédiatement, on mit la main à l'œuvre. Ce projet entraînait la démolition de ce que l'on appelait le temple de Probus et de quelques autres constructions situées près de la basilique, mais l'édifice lui-même ne devait pas être touché. On jeta les fondations d'une nouvelle abside à une certaine distance de l'ancienne, dans la direction de l'Ouest et les nouveaux travaux montaient déjà à quelques pieds au-dessus du sol, quand tout fut arrêté par la mort du pape en 1455. Des troubles survinrent bientôt à Rome, et c'est ainsi que cette grande entreprise fut abandonnée pour être continuée ensuite sur d'autres données, de telle manière que l'œuvre de Nicolas V se borna à des travaux et à des dépenses vaines.

Les nouveaux projets de reconstruction de la basilique semblent avoir été inspirés non pas, comme du temps de Nicolas V, par l'état alarmant de l'édifice et la nécessité urgente d'agir avant qu'il ne survînt une catastrophe, mais plutôt par le rêve ambitieux du pontife régnant, lequel voulait associer son nom à l'érection d'une église qui dépasserait en grandeur et en magnificence tout ce que l'on connaissait jusqu'à ce jour. Son but était encore de s'y réserver une place convenable pour la construction d'un monument somptueux, consacrant sa propre mémoire.

---

1. On trouvera de très intéressants détails dans Muntz, *Les arts à la Cour des Papes*, vol. I, et dans l'*Histoire des Papes* de Pastor ; les volumes de M. Geymüller doivent aussi être consultés.

Si nous en croyons Condivi, qui a écrit la vie de Michel-Ange, c'est à cet artiste qu'il faut attribuer la destruction de l'ancien monument ainsi que de tous les souvenirs historiques inestimables qui l'enrichissaient, et le remplacement de ce précieux héritage de l'antiquité par l'édifice actuel, dont l'éclat et la grandeur ne nous empêchent pas de regretter celui qu'il a remplacé.

Condivi nous dit que Michel-Ange vint à Rome à la requête du pape Jules II et fut chargé du plan d'un tombeau que ce pontife voulait se faire élever à lui-même [1]. Michel-Ange conçut un monument de très vastes proportions dont la statue de Moïse, si célèbre, actuellement dans l'église de Saint-Pierre-ès-liens, faisait partie, mais en réalité l'œuvre en resta là. Il avait donné rendez-vous au pape à Saint-Pierre afin de choisir l'endroit que devait occuper ce grand monument et comme il était impossible de trouver dans la vieille basilique un emplacement favorable, il appela l'attention du pape sur l'œuvre qui avait été commencée, quelque cinquante ans auparavant, par Nicolas V et qui avait été ensuite abandonnée; il lui fit entrevoir qu'il serait aisé, en reprenant cette vaste entreprise, de ménager dans le nouvel édifice la place nécessaire pour le grand monument qu'il avait en vue. Jules fut séduit par cette idée, et ayant été rassuré par Michel-Ange sur la dépense, il manda immédiatement les architectes San Gallo et Bramante, et leur ordonna de préparer sans retard les plans pour la reconstruction de l'édifice. Les plans de Bramante furent acceptés et des ordres furent immédiatement donnés pour la destruction de la partie supérieure du monument ancien, ce qui entraînait probablement aussi la destruction de tous les travaux récents de réfection. Bramante mit un tel empressement à commencer son œuvre, que non seulement il ne fut établi aucun état de l'ancien édifice avant sa démolition, mais de plus les nouveaux travaux furent menés avec une si grande hâte, que Michel-Ange se rendit auprès du pape pour faire entendre une protestation énergique en se plaignant de ce que l'on brisait inutilement des colonnes et de ce qu'on détériorait d'une manière irréparable de précieux travaux artistiques [2]. C'est ainsi que périt l'antique église de Saint-Pierre, et avec elle disparut aussi, chose triste à dire, la connaissance exacte de cette grande église qui, pendant près de 1200 ans, avait été l'objet de la dévotion de tant de foules chrétiennes. Cependant, au milieu des ténèbres où nous plonge cette destruction, il subsiste deux points assez saillants. Les

1. Condivi, *Vita di Michel Angelo*, sec. éd., Firenze, 1746, p. 19.
2. Condivi, *Op. cit.*, p. 28.

environs immédiats du tombeau de Saint-Pierre furent conservés et enfermés dans un petit temple que Bramante construisit à cette fin. Voilà comment l'abside et ses mosaïques, le grand autel de la Confession, et enfin la chapelle sous la tribune se trouvèrent soigneusement respectés; et les cérémonies religieuses habituelles purent être exactement accomplies dans ce modeste édifice durant toute l'époque de la reconstruction. De même, suivant les ordres spéciaux du pape, le mur de l'ancien chœur et de cette portion du transept gauche où reposent les quatre SS. Léon, demeurèrent absolument intacts, de telle sorte qu'à ce jour on peut encore fouler le parvis de l'ancienne basilique et même en apercevoir, çà et là, les anciennes dalles dans les cryptes qui sont sous l'église actuelle. Mais, à ces deux exceptions près, la ruine fut complète, en ce qui concerne la partie supérieure de l'église. La partie inférieure de la nef et les autels qui s'y trouvaient sont encore debout. Il semble, quelque peine qu'on ait à le croire, qu'on ne prit aucune disposition pour préserver cette partie de l'édifice de l'intempérie des saisons. Pendant plusieurs années, aucun mur ne fut construit pour clôturer cette portion du monument du côté de l'Ouest; elle resta ouverte et exposée de telle sorte que c'est miracle qu'elle n'ait pas été détruite. Dans tous les cas, on ne peut douter de cette négligence, comme nous pouvons nous en rendre compte par nous-mêmes en consultant un très curieux dessin [1] qui existe au *Soane Museum* à Lincoln's Inn Fields et qui nous retrace l'aspect des lieux à cette très intéressante époque. Nous y voyons l'extrémité Ouest de l'église ouverte et les autels exposés au vent et à la pluie. Plusieurs des colonnes de l'ancienne église sont encore debout, même dans la partie démolie, mais elles ne sont reliées que par un simple et vaste arceau.

Au delà se trouve le petit temple de Bramante qui renferme le grand autel et la tombe. C'est, à notre connaissance, la seule trace que nous ayons de ce monument. Cependant nous en connaissons l'existence par Vasari, qui le décrit comme une œuvre très belle, appartenant à l'ordre dorique [2]. On croit qu'il reste encore quelques traces de ce temple dans les cryptes de l'église actuelle [3].

Les travaux de construction furent immédiatement commencés et la première pierre fut posée par le pape lui-même, le 26 avril 1506, à l'endroit même où s'élève actuellement le grand pilier de Ste Véronique. Une fois commencée, cette entreprise marcha rapi-

1. P. 162. *Infra.*
2. Vasari, *Vite dei piu eccellenti pittori* (Vie de Bramante).
3. Sarti et Settele, *Appendix ad Dionysium*, p. 42.

dement pendant quelques années jusqu'au moment où elle fut ar-
rêtée d'abord par la mort de Bramante, et par celle de Jules et
ensuite par les troubles qui suivirent et qui aboutirent à la terrible
invasion de Rome par les troupes du connétable de Bourbon, en
1527. Les travaux furent repris sous Paul III, lorsque Michel-Ange
en reçut la direction et sous cette haute impulsion s'éleva lentement
au-dessus de la tombe de S. Pierre cet immense dôme, le plus
étonnant et le plus audacieux ouvrage d'architecture qui soit au
monde. Enfin, à l'époque d'Innocent IX, en 1591, l'œuvre était assez
avancée pour que le parvis de la nouvelle église pût être construit ;
et comme le niveau du nouveau monument dépassait d'environ onze
pieds celui de l'ancien édifice, c'est par l'installation de ce parvis
que furent créées le *Grotte Vecchie*, c'est-à-dire les cryptes. Le
parvis de l'église supérieure était, à cette époque, entièrement uni
et ne présentait pas, comme la Confession actuelle, une excavation
permettant d'accéder à l'église inférieure. Il existait donc deux
églises, l'une sur l'autre : le nouveau Saint-Pierre avec un grand
autel sous un dais supporté par quatre colonnes et placé sur une
plateforme à laquelle conduisaient des escaliers ménagés des quatre
côtés, et une partie de l'ancien Saint-Pierre, souterrain sans autel,
mais avec la niche de la Confession toujours placée au même niveau
que l'église, à l'extrémité occidentale de laquelle elle se trouve actuellement ; et, un peu en arrière on avait encore accès à la chapelle
de la Confession et à son autel par des portes spéciales. Entre ces
deux églises, il n'existait pas d'autre moyen de communication que
deux escaliers dont l'entrée s'ouvrait près des deux piliers, supportant le grand dôme du côté de l'Est. C'est là que sont maintenant les deux statues de S. André et de S. Longin, mais à cette
époque, on y voyait, à gauche, la grande tombe de Paul III, qui
est maintenant dans l'abside, et, à droite, la sainte colonne qui,
autrefois, était placée avec les autres en face de la Confession. Cette
colonne est actuellement dans la première chapelle à droite, en en-
trant dans la basilique. Un dessin du grand autel, tel qu'il était à
ce moment-là, jusqu'à l'époque où la nouvelle Confession fut creusée par Paul V, existe dans un ouvrage sur Saint-Pierre d'un
architecte français, Tarade, publié aux environs de 1650.

Nous n'avons pas, pour le moment, à nous occuper de la niche
de l'ancienne Confession, car il est clair qu'à cette époque, elle
n'avait subi aucune transformation si ce n'est que l'établissement
du parvis, construit au-dessus d'elle, avait pour conséquence de la
placer dans une crypte. Le nouveau maître-autel, qui était plus vaste
et plus élevé que l'ancien qu'il recouvrait, fut consacré, en 1594,

par Clément VIII ; sa *mensa* était composée d'un seul bloc de marbre grec, trouvé quelque temps auparavant au forum de Nerva. Cet autel ne contient aucune relique, puisqu'il a été construit immédiatement au-dessus du corps de S. Pierre. Clément VIII porta aussi son attention sur la vieille chapelle de la Confession et y apporta des changements considérables. Rappelons-nous que cette chapelle formait une partie de l'ancienne *memoria* élevée par Anaclet et qu'on y arrivait dans l'ancienne basilique par un passage circulaire, ménagé en dedans du mur de l'abside et sous la tribune du maître-autel. Cet ancien passage a été, semble-t-il, fermé alors, et un passage nouveau de même forme a été construit, mais en dehors et non en dedans du mur circulaire de l'ancienne abside. Ce nouveau passage permettait probablement d'entrer dans la chapelle par la même porte qui mettait celle-ci en communication avec le temple de Probus, et il n'avait donc pas été nécessaire de percer le mur. Bien que l'ancien passage n'eût plus de raison d'être, certaines parties ont été préservées et on peut encore les voir à l'heure actuelle. Une petite partie, près de l'entrée de gauche, c'est-à-dire du Sud, était devenue la petite chapelle de Saint-Sauveur, ainsi nommée, d'après une ancienne et curieuse statue en marbre de Notre-Seigneur qui orne maintenant son autel. Cette chapelle existe encore, bien qu'elle soit abandonnée, et nous allons nous en occuper encore un moment. Les parties de ce passage circulaire existant de chaque côté du passage en droite ligne, conduisant à la chapelle même, ont été utilisées, quoique bien modifiées, et constituent maintenant les deux annexes qui donnent à la chapelle sa forme de croix actuelle. Cela fait, il devenait nécessaire de relever le niveau du sol, puisque le plancher supérieur était beaucoup plus élevé qu'auparavant ; et en relevant le sol général de la chapelle, il fallait relever et reconstruire l'autel. C'est pendant cette dernière opération qu'eut lieu un incident très intéressant et qui a une grande importance dans l'histoire du tombeau : c'est du moins ce qui paraît résulter de la mention de l'autel, faite dans le récit que nous allons rapporter; car il ne peut être question en cette circonstance du maître-autel, bien que tout le monde, jusqu'à présent, l'ait entendu ainsi. Une communication entre le maître-autel et la pièce qui contient le tombeau est matériellement impossible, puisque la niche de la Confession les sépare. D'un autre côté, il est très probable que cette communication a dû être ménagée avec l'autel de la chapelle ; en effet, il suffisait de percer le sol de la pièce contenant le tombeau et n'oublions pas que si S. Grégoire le Grand a élevé l'autel, c'est dans le but évident de permettre aux prêtres d'officier aussi

près que possible de la tombe. On trouvera cette histoire dans Bonani [1], qui s'autorise d'une relation manuscrite faite par Torrigio,
encore vivant à l'époque où se passa ce fait. Voici de quoi il s'agit:
l'architecte, chargé à ce moment-là des travaux, était Della Porta.
« Un jour celui-ci rapporta au pape Clément VIII, qu'il venait de
découvrir une ouverture *(foramen)* à travers laquelle on pouvait
voir la tombe *(monumentum)* de S. Pierre. » Le pape appela trois
cardinaux, Bellarmin, Antoniano et Sfondrato et se rendit sur les
lieux en leur compagnie. L'architecte tenait une torche, et à cette
lueur, il fut possible de distinguer la croix d'argent placée sur la
tombe. « Le pape ordonna de ne pas toucher à l'autel le plus ancien, et fit boucher l'ouverture avec du ciment en sa présence. Puis
il fit élever un autel nouveau et plus magnifique, autel qui fut consacré le 26 juillet 1594, par le pape lui-même qui y offrit le premier
le saint Sacrifice. » « Torrigio affirme que tout cela a été raconté
par le cardinal Sfondrato à Aloisio Cittadino, chanoine de la basilique et à Giovanni Bartetto, qui était chargé de la dite sainte
Confession. » Telle est l'histoire que nous trouvons dans Bonani,
mais il n'est pas certain qu'il ne rapporte que ce qui lui a été dit. Il
est possible que la confusion qui applique le fait au maître-autel
soit due à Bonani même ou à Torrigio. Dans tous les cas, l'histoire se rapporterait mieux à l'autel de la chapelle de la Confession,
car cet autel semble être un autel primitif et non nouveau. Il faut
noter aussi qu'il a un compartiment réservé pour les reliques, ce
que n'a pas le maître-autel ; ce qui confirme la conclusion à laquelle
nous sommes déjà arrivés, c'est qu'il n'est pas exactement placé
sur une partie du corps de S. Pierre. Les détails de cette histoire
sont trop précis pour qu'elle n'ait aucun fondement. Concerne-t-elle
l'endroit que nous indiquons ? S'est-elle bien passée au moment que
nous croyons ? Nous ne pouvons l'affirmer d'une manière positive,
mais d'une façon générale, elle est vraie. Au surplus, elle a une
grande importance, car en constatant l'existence de la croix d'or,
elle prouve victorieusement que la tombe n'a jamais été saccagée.
Ce que cherchaient les Sarrasins ou autres pillards, c'est un butin
précieux, et puisque la croix existe encore, c'est qu'en aucun temps
ils ne sont parvenus à entrer dans le souterrain qui renferme la
tombe.

Jusque-là certaines parties de l'ancienne basilique restaient encore
debout, mais il devenait nécessaire, pour terminer la nouvelle
église, de reprendre l'œuvre de démolition. C'est probablement alors

1. Bonanni, *Templi Vaticani historia*, p. 149.

que le petit temple, élevé par Bramante autour du maître-autel, fut détruit et avec lui la vieille tribune de l'axe et ses mosaïques. On sentait si bien que la destruction de pareilles reliques était une chose grave qu'il devenait nécessaire d'en consigner la relation dans un document officiel, précaution qu'on avait malheureusement oublié de prendre pour la démolition du reste de l'édifice ancien. Ce document fut imprimé en entier et nous le trouvons dans l'ouvrage de Ciampini [1].

La partie la plus basse de l'église et tout l'*atrium* situé en face, demeurèrent intacts jusqu'en 1606. Nous avons pu produire plusieurs gravures contemporaines, montrant Saint-Pierre dans cet état, avec le grand dôme de la nouvelle église, couvrant déjà ce qui restait de l'ancienne. Le récit de la destruction de cette partie et de la disparition complète de l'ancien Saint-Pierre, a déjà été fait par un anglais, le professeur Lanciani, dans son livre : *Pagan and Christian Rome*. Ici nous ne pouvons plus nous plaindre de manquer de documents sur ce qui s'est passé à ce sujet. Au contraire, la difficulté pour celui qui pourrait plus tard entreprendre l'histoire de 1606 et des années qui suivirent immédiatement, proviendrait de l'extrême abondance des matériaux à sa disposition. Grimaldi a noté tous les événements à mesure que l'œuvre s'accomplissait et ses volumineux manuscrits n'ont jamais été complètement examinés. Pour nous, cela sort de notre sujet immédiat, car, à cette époque-là, on n'a pas touché à la partie de l'église rapprochée de la tombe. Nous passons donc à l'examen de ce qui se lie le plus intimoment à notre étude, c'est-à-dire de l'excavation de la nouvelle Confession dans une forme similaire à celle qui existait dans d'autres églises de Rome, mais qui n'avait encore jamais été adoptée à Saint-Pierre même.

Paul V ne se contenta point de cette œuvre considérable de l'achèvement de ce grand édifice. Il voulut aussi augmenter l'éclat de l'ancienne Confession de Saint-Pierre. Cette Confession, le lecteur ne l'a pas oublié, était cachée dans la crypte, loin du jour et de la lumière, et d'un accès très difficile pour quiconque y était appelé par un motif de dévotion. Deux plans furent projetés pour son embellissement. Le premier émanait de Ferrabosco et entraînait des modifications radicales. Il proposait de construire un passage circulaire environnant la tombe et éclairé par le haut au moyen de grilles ; on serait arrivé à ce passage par des escaliers partant du maître-autel. Il y a une reproduction de ce plan dans Bonani, et

---

1. Ciampini, *De sacris aedificiis*.

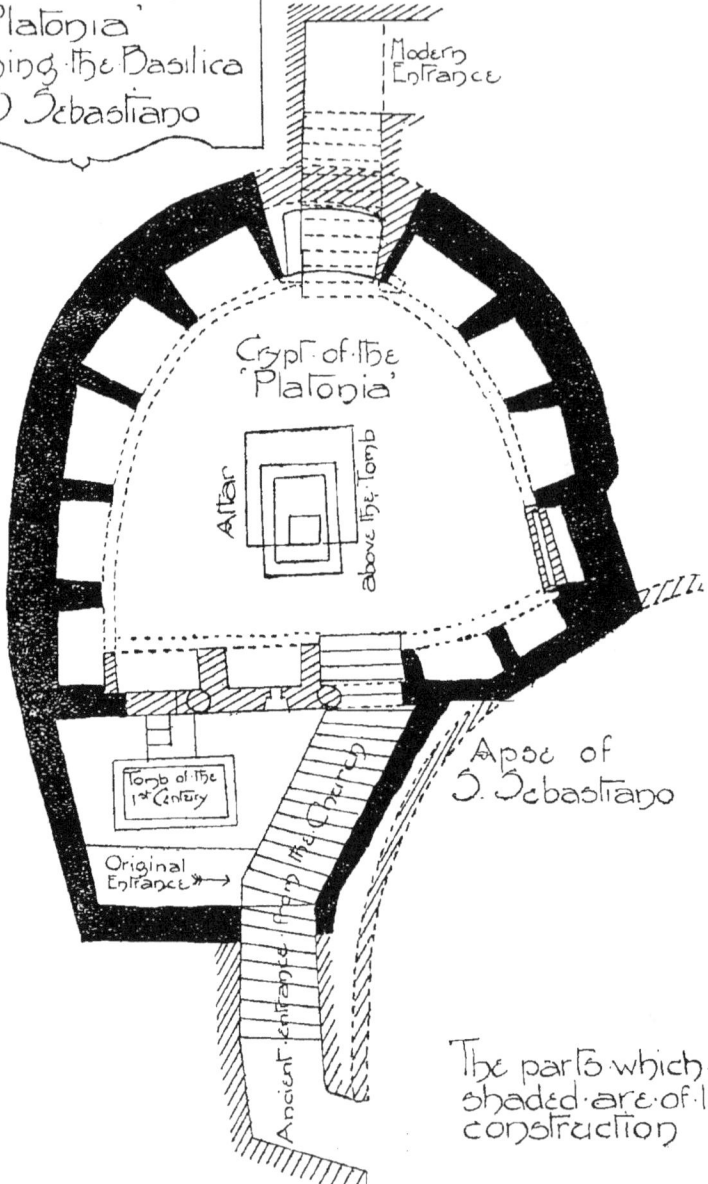

Plan of the
'Platonia'
adjoining the Basilica
of S Sebastiano

Modern
Entrance

Crypt of the
'Platonia'

Altar

above the Tomb

Apse of
S. Sebastiano

Tomb of the
1st Century

Original
Entrance

Ancient entrance from the Church

The parts which are
shaded are of later
construction

Scale :- 0   5   10   15   20   25   30 feet

Le tombeau de Saint Pierre.

7

pendant longtemps un modèle en bois fut conservé à la sacristie.
Par bonheur ce projet ne fut pas accepté, car il eût entièrement
détruit toute trace des souvenirs du passé qu'évoquait ce lieu et
remplacé par une nouvelle construction celle qui présentait tant
d'intérêt au point de vue historique et religieux. L'autre plan, très
simple, avait été conçu par Maderno et il fut adopté. Il consistait
seulement à creuser une partie du sol du côté Est de l'autel et, au
moyen d'un mur bâti sur le pavé de l'église inférieure, à construire
ce qu'on appelait la « Confession » dans les autres églises de Rome ;
ainsi on aurait eu accès, non pas à la tombe même, comme dans
les autres églises, mais à la vraie Confession de S. Pierre, c'est-
à-dire à la niche placée sous le maître-autel. Ces travaux, qui devaient donner aux lieux l'aspect qu'ils ont actuellement, ne furent
terminés qu'en 1615, mais en réalité les derniers détails ne furent
achevés que quelques années plus tard. Ils semblent avoir été commencés dès 1607 et les découvertes faites au cours des excavations
entreprises pour poser les fondations des murs et établir le nouveau parvis présentent le plus grand intérêt, bien que nous n'ayons
pas là-dessus tous les détails que nous voudrions. Severano, le
compagnon de S. Philippe, qui a écrit son livre quelques années
seulement après cette époque, nous initie à ce détail : les marches
de l'escalier qui conduit à la « Confession » ont été tirées du marbre qui a servi jadis pour les architraves surmontant les colonnes
de la vieille basilique ; voici comment il s'exprime ensuite :

« En établissant cet escalier et en déblayant cette partie, on trouva
des cadavres dans des cercueils séparés, enserrés dans des bandages entrelacés, exactement comme nous le lisons dans les Évangiles au sujet de S. Lazare qui était entouré de bandages de la tête
aux pieds. Il y avait pourtant une exception. Un de ces corps portait les ornements d'un évêque. Il n'y avait sur ces cercueils aucune
indication de nom, mais il est très probable que c'étaient les corps
des dix successeurs immédiats de S. Pierre, d'autant plus qu'on découvrit aussi une plaque de marbre portant le nom de S. Lin. Ils
furent tous laissés à la place où on les avait trouvés [1]. »

A ce récit de Severano nous pouvons ajouter quelques détails
complémentaires de Torrigio [2] qui était non seulement un contemporain, mais encore un *beneficiato* de Saint-Pierre, et qui se trouvait là au moment de la découverte, affirme-t-il :

« On trouva là, » dit-il, « plusieurs sépulcres de saints, parmi lesquels est un pape, vêtu d'une chasuble et d'un pallium, et qui a dû

1. Severano, *Le sette chiese*; p. 120.
2. Torrigio, *Le sacre Grotte Vaticane*, éd. 1618, p. 58.

être d'une grande taille. On n'y toucha pas, et, suivant l'ordre de
nos supérieurs, il fut immédiatement recouvert. On trouva aussi plusieurs corps recouverts de bandages de l'épaisseur d'un doigt et
entrelacés suivant l'usage ancien. De plus, il y avait un beau cercueil de deux pieds de long contenant le corps d'un petit enfant,
lequel fut également respecté. Il y avait une autre bière sur laquelle
était inscrit le nom de Lin. Enfin la dernière que l'on découvrit
exhalait une odeur si douce que toutes les personnes présentes en
furent frappées ; et elles trouvèrent le fait si merveilleux qu'elles
ne manquèrent pas de nous en faire le récit. »

Ces deux faits sont, semble-t-il, les seules relations contemporaines qui nous restent, mais elles sont complétées par un plan
gravé qui fut publié en 1635 par un Benedetto Drei, qui était clerc
d'œuvre à Saint-Pierre. Ce plan ne correspond exactement à aucune
échelle et il manque de précision dans les détails, mais néanmoins
il a une valeur inestimable en ce qui concerne les découvertes faites
en ce temps-là. Primitivement il était destiné à servir de point de
repère, pour ainsi dire, au livre de Torrigio sur les cryptes, que
nous avons déjà cité, mais, à peine publié, il ne fut plus de mode,
en raison des changements faits par Urbain VIII, qui construisit les
quatre escaliers qui conduisent à présent aux cryptes et qui partent
chacun d'un des grands piliers soutenant le dôme. Aussi toutes les
reproductions de ce plan de Drei proviennent d'une édition modifiée ; mais l'édition primitive est, de beaucoup, la plus intéressante
puisqu'elle nous initie à certains détails que, sans cela, nous igno-
rerions complètement, détails qui se lient à l'histoire des modifications des premières années du XVIIe siècle. Ce plan est, à cette
heure, très rare, mais il en existe plusieurs copies à la bibliothèque
du *British Museum* dont deux présentent un intérêt exceptionnel.
L'un (Maps 23810 [2]) montre l'arrangement actuel reproduit à l'en-
cre sur une copie de l'édition originale et nous permet ainsi de
juger par comparaison de l'étendue des modifications faites. L'autre, qui a jusqu'ici échappé à l'attention, étant perdu dans un grand
volume au milieu de plusieurs autres gravures, est d'une importance bien supérieure. C'est une des premières copies de l'édition
originale, avant que le dessin ait été gravé, pour ainsi dire une
épreuve avant la lettre, et il est surchargé de notes manuscrites de
la main et sous la signature de Benedetto Drei lui-même. Une partie
de ce plan, reproduite en fac-simile, se trouve à la page ... Il abonde
en détails oubliés, ou à demi oubliés, concernant l'histoire de la
basilique. Il nous indique, par exemple, comment la tombe de
Paul III était auparavant à la place qu'occupe actuellement la sta-

tue de S. André dans le grand pilier, et que de l'autre côté, et en face, était la *Colonna santa;* que la peinture de la Madona della Bocciata, dont il est parlé dans le présent ouvrage comme de la « Madone qui a jadis répandu du sang » était alors dans le passage qui conduit aux cryptes, et que l'autel auprès duquel elle est actuellement était alors connu comme l'autel de S. Paul. Nous voyons exactement comment les entrées dans les cryptes avaient été ménagées à cette époque-là et nous pouvons même compter le nombre des marches. Il nous fait connaître les places de plusieurs tombes qui n'existent plus et les noms de ceux qui y étaient enfermés. Malheureusement ce plan, nous l'avons dit, ne correspond à aucune échelle, ce qui nuit évidemment à l'exactitude des renseignements qu'il peut nous donner sur le tombeau. Nous notons, cependant, que l'existence de l'excavation à cette époque prouve que le mur extérieur de l'ancienne *memoria* ou chambre supérieure, construite par S. Anaclet, existe encore du côté Nord et du côté Sud, dans la position exacte où nous avons été amenés à le placer d'après les mesures données par le *Liber Pontificalis* et déjà indiquées et discutées. C'est là un point très important, car nous ne pouvons nous reporter qu'à ce plan pour établir notre opinion à ce sujet. La position exacte du côté extérieur du mur semble déterminée dans l'église actuelle par le bord extérieur des niches de chaque côté qui contiennent, l'une la statue de S. Pierre, l'autre, celle de S. Paul. Le mur de façade de l'ancienne *memoria* est aussi indiqué par la position des deux tombes qui sont le plus près de celle de S. Pierre. Ce sont probablement celles des deux premiers papes qui furent enterrés auprès de Saint-Pierre. Sans doute, elles s'appuient contre l'ancien mur de la *memoria* dont aucune partie n'existe maintenant au-dessus du sol et indiquent sa position, qui est exactement là où nous avons supposé qu'elle se trouvait. S'il n'existe que deux tombes de ce côté, c'est sans doute parce qu'il fallait ménager entre elles une place pour l'entrée. On ne peut affirmer si parmi les autres tombes figurent celles des premiers papes. Il est possible que celle qui est à droite des deux tombes mentionnées ci-dessus soit la sépulture d'un de ces papes ; elle doit également s'appuyer sur le mur du Nord ; mais dans ce cas, elle n'est pas bien placée sur le plan. Les deux autres tombes ne doivent pas occuper leur position primitive, car le mur extérieur qui s'élève de chaque côté est moderne ; il est l'endroit où se trouvaient, dans l'ancienne basilique, les escaliers conduisant à la Tribune [1]. Probablement ces tombes devaient

1. D'après ce qu'on peut lire page 117 ces murs sont destinés à supporter l'autel, moderne et datent de l'époque de Clément VIII.

se trouver près de là et c'est à cette époque seulement qu'elles ont été placées à l'endroit où elles sont aujourd'hui. Les autres cercueils qui contenaient des cadavres, enveloppés à la façon des momies, ne sont probablement pas ceux des papes, malgré ce que dit Severano. Voici pourquoi nous émettons cette opinion. Comme nous le verrons dans le chapitre suivant, des tombes semblables ont été découvertes autour de celle de S. Pierre qui occupait le centre. Toutes ces tombes étaient soigneusement rangées et rayonnaient pour ainsi dire autour de ce centre, l'environnant « comme des évêques assistant à un concile ». Il est plus probable que c'étaient celles-là qui renfermaient la sépulture des papes et que les autres tombes devaient renfermer les dépouilles des martyrs des premiers siècles ou d'autres martyrs dignes d'être aussi rapprochés de S. Pierre. Dans tous les cas ils ne pouvaient appartenir, nous le répétons, qu'aux premiers siècles, car il y a lieu de croire que les lieux de sépulture des chrétiens à cet endroit étaient très exigus et qu'ils furent entièrement occupés au plus tard vers le commencement du IIIe siècle.

Il est très intéressant de noter que Drei a reconnu le pape S. Jean Ier dans le cadavre vêtu d'habits pontificaux. Aucune autre autorité n'a formulé cette opinion. Comment Drei a-t-il été amené à l'adopter ? Il est évidemment impossible de le dire. Pourtant, elle est très admissible en fait. Le pape S. Jean Ier mourut en prison à Ravenne, où il doit avoir été traîné par Théodoric, qui voulait le mettre à mort, mais qui avait hésité à le faire par suite de la crainte que lui inspirait l'empereur Justin. Néanmoins, comme le pape mourut en prison, à la suite des mauvais traitements qu'il avait subis, il fut considéré comme martyr. On sait que son corps fut porté à Rome pour y être enseveli à Saint-Pierre et un chroniqueur anonyme nous apprend que le voyage de sa dépouille mortelle fut signalé par un miracle et qu'en conséquence le peuple voulut obtenir des morceaux de ses vêtements afin de les conserver comme des reliques [1]. Il est donc assez admissible qu'étant considéré comme ayant versé son sang pour le Christ, il fut admis à ce titre à jouir de ce voisinage immédiat avec ce tombeau sacré, tandis que les autres papes devaient se contenter d'occuper le vestibule de l'église sans en franchir le seuil. S'il ne s'agit pas de S. Jean Ier, il est assez difficile de comprendre quel autre pape a pu avoir un pareil honneur. Le seul argument à invoquer contre l'opinion de Drei serait de faire remarquer que cette coutume d'ensevelir les morts avec

1 Anonyme *Vales*, cap. 92.

leurs vêtements ne remonte pas aussi haut que cette époque (530).
D'un autre côté nous ne possédons aucun document de nature à
nous fixer sur la nature et la date de ces vêtements et Drei peut
avoir eu d'excellentes raisons pour formuler son opinion. Il est cependant étonnant qu'il se soit contenté d'indiquer dans les éditions
qui furent publiées de ce plan « Corps d'un pape » sans aucun
nom.

Il est un autre détail intéressant à noter concernant le corps d'un
enfant trouvé au même endroit. Cette découverte dans le Saint des
Saints a donné lieu à bien des conjectures. Quel était cet enfant ?
Comment a-t-il pu jouir d'un pareil privilège ? D'aucuns ont pensé
qu'il s'agissait simplement de quelque martyr inconscient qui, tel
que les Saints Innocents, avait donné sa vie pour son Maître, avant
d'être en âge de savoir ce qu'il faisait, mais cette théorie est détruite par la note de Drei. On a trouvé dans le cercueil une médaille
de Constantin. Cela fixe évidemment la date de la sépulture, mais
contribue à accroître la difficulté. Si le martyre n'est pas le motif
qui a amené cet enfant sur ce seuil privilégié, quel autre motif
peut-on invoquer à une époque où personne, pas même un pape
ou un empereur n'était admis à reposer dans l'église ? La seule
supposition vraisemblable que nous puissions faire, c'est que ce
corps est celui d'un jeune prince, probablement un fils de l'empereur Constantin, qui mourut immédiatement après son baptême et
dont la pureté immaculée fut jugée digne d'un privilège refusé à
des personnes plus âgées et souillées par le péché, alors même
qu'elles occupaient un rang très élevé dans le monde.

Il est très malheureux que le plan reste muet sur la forme de la
niche de la Confession. Drei a simplement dessiné un espace semi-
circulaire, n'ayant aucun rapport avec la forme actuelle de la Confession, et il y a placé une petite peinture représentant un puits
avec les figures de Notre-Seigneur en arrière et celles de S. Pierre
et S. Paul de chaque côté. C'est-à-dire qu'il a dessiné précisément
ce qu'il y avait là mais de telle manière que ce dessin ne nous
apprend rien. Il faut regretter toutefois qu'un antiquaire aussi admirable et aussi consciencieux que le professeur Lanciani, assuré-
ment sans intention, ait altéré ce document de deux manières, en
reproduisant une partie de ce plan dans son livre bien connu sur
Pagan and Christian Rome. En premier lieu, il a omis de faire
figurer cette petite peinture dans l'espace semi-circulaire, de telle
manière qu'on est amené à supposer que c'est là une reproduction
exacte de la niche de la Confession et qu'au commencement du
XVIIe siècle elle avait une forme semi-circulaire. En second lieu il

a indiqué, au moyen de quelques traits, la *fenestrella* et autres accessoires de la tombe, tels qu'il les a supposés, ce en quoi nous nous
permettons de différer absolument d'avis avec lui. Il est vrai qu'une
note insérée au bas de la page prévient le lecteur que ces traits ne
font pas partie du plan de Drei, mais le lecteur peut très bien négliger la note et s'imaginer que c'est là un plan complètement authentique.

Un autre point intéressant se présente à notre attention. C'est ce
qui concerne la tombe de Lin. Si l'on revient au plan de Drei on
aperçoit dans le passage de gauche conduisant à la Confession une
tombe sans indication de nom. Cette tombe contient, non pas comme
les autres un corps entouré de bandelettes, mais un squelette.
Lorsque Drei a écrit ces notes, il ne s'est pas rappelé, sans doute,
un fait qu'il a eu soin de mentionner lorsqu'il a publié plus tard
son plan, c'est que l'inscription portant le nom de Lin a été trouvée sur cette tombe. Il s'agit de savoir si les antiquaires du XVIIᵉ
siècles ont eu raison d'en conclure que c'était bien là la tombe
actuelle de S. Lin, successeur immédiat de S. Pierre sur le trône
pontifical. La position de la tombe concorderait avec cette hypothèse, car, si, d'un côté nous savons que Lin fut enterré dans le
Vatican, près du corps de S. Pierre [1], nous ne devons pas oublier
aussi qu'il mourut et fut enterré avant que S. Anaclet bâtît la
memoria et les tombes qui l'entouraient ; et par conséquent cette
tombe ne devait pas faire partie de celles qui étaient placées près
de S. Pierre, d'autant plus qu'il faut aussi tenir compte que l'exiguïté du cimetière primitif du Vatican ne permettait pas de l'écarter bien loin. Si nous avions sous les yeux l'inscription originale,
la forme des lettres nous permettrait d'en fixer la date, mais elle
est encore probablement enfouie sous terre, et nous ne pouvons en
invoquer aucune copie exacte ; par conséquent nous sommes obligés de nous en rapporter aux récits qui nous ont été transmis. Là,
cependant, nous nous trouvons en présence d'une contradiction.
Severano nous dit que l'inscription portait *S. Linus*. Si c'est exact,
c'est une preuve qu'elle ne remontait pas au delà du Vᵉ siècle, car
dans les premiers siècles il était d'usage d'inscrire simplement le
nom au datif sans aucune indication qui le précédât et en le faisant
suivre des titres honorifiques tels que *Episcopo*, *Martyri*. Mais
nous ne pouvons pas nous en rapporter ici au témoignage de Severano, car, ainsi que l'a remarqué de Rossi [2], il n'est pas d'accord

1. *Lib. Pont.*, I, 121.
2. *Inscr. chr.*, II, 236,

avec lui-même, puisque dans un autographe de son ouvrage conservé à l'Oratoire Romain, il dit : « On trouvera près de ces tombes une plaque de marbre avec cette inscription : « Lin, P. P. [1]. » Il est donc évident que Severano, qui n'avait pas vu cette inscription, rapportait de mémoire ce qu'il avait entendu dire et rien ne prouve qu'il ait fidèlement retracé ce qu'on lui avait dit. Revenant à Torrigio, nous sommes à peu près dans le même cas. Dans l'ouvrage qu'il a publié, il nous dit qu'il s'agit d'un cercueil (pilo) et qu'il porte le nom de Linus sans aucune mention autre ni avant ni après le nom. Mais de Rossi nous cite encore l'extrait suivant d'un volume du même auteur qui n'a jamais été publié et qui se trouve à la Bibliothèque du Vatican, extrait concernant S. Lin : « Il fut enterré près du corps de S. Pierre, et en 1615, lorsque des excavations furent faites en cet endroit pour la construction de la Confession telle qu'elle existe aujourd'hui, on trouva un fragment de marbre qui recouvrait un sarcophage et qui portait le nom de Linus avec d'autres mots qu'il fut impossible de déchiffrer en raison des injures du temps. Aux alentours étaient plusieurs autres cercueils. les uns en marbre, les autres en briques, avec des plaques en terra-cotta ; on supposa que c'étaient là les corps des papes mentionnés dans le Bréviaire, c'est-à-dire, par exemple, de S. Lin... Quelques-unes de ces reliques furent découvertes à Ostie, en 1430, dans les recherches faites pour retrouver le corps de Ste Monique. » Maintenant, comme nous l'avons dit, le témoignage de Torrigio est plus digne de foi que celui de Severano, attendu que c'est celui d'un témoin oculaire. Or, d'après ce que ce dernier dit, on ne pouvait lire que le nom de Linus, mais il existait la trace d'autres lettres effacées par le temps. Il n'explique pas si ces lettres suivaient ou précédaient le nom ; dans le premier cas, il se pourrait que l'on n'ait retrouvé que les dernières lettres du vrai nom, comme (Marcel) linus, ou (Aqui) linus. Mais il semble pourtant que Torrigio lui-même entendait bien qu'il s'agissait du nom tout entier et non d'une partie, et que les autres lettres, précédentes ou suivantes, formaient des mots différents.

Il est à remarquer également que Lin est le seul, parmi les premiers papes dont les reliques aient existé dès le IXe siècle et existent encore à notre époque. Raban Maur [2]. écrivant en 822. raconte que les reliques de S. Lin et de S. Sixte furent envoyées en

---

1. God. Vallic., G., 19.
2. Duemmles, *Poet. lat. med. aevi*, II, p. 216 ; *cf.* aussi les Bollandistes, *Acta sanctorum*, 6 sept., p. 543.

même temps en Allemagne. Or, l'autel de S. Sixte II fut élevé aux environs mêmes de cette époque par Pascal Ier dans l'église de Saint-Pierre et à peu près au-dessus de l'endroit où fut découverte en 1615 la plaque de marbre portant le nom de *Linus*. La coïncidence est frappante et prouverait qu'en édifiant l'autel, la tombe de S. Lin fut trouvée et ouverte et que quelques reliques furent enlevées. A ce moment-là l'inscription devait être lisible et il semble qu'au IXe siècle aussi bien qu'au XVIIe elle a été interprétée comme désignant la tombe de ce Saint. La tombe ayant été ouverte et des reliques enlevées, on s'expliquerait la circonstance mentionnée par Drei, à savoir que l'on n'y trouva que des ossements. Les bandelettes qui entouraient sans doute ce cadavre comme tous les autres, ont dû être réduites en poussière, comme cela s'était produit pour d'autres corps dans le même cas. En résumé, bien qu'on ne puisse rien affirmer là-dessus tant que le fragment de marbre n'aura pas été de nouveau exhumé et examiné, nous croyons être dans le vrai en pensant que nous nous trouvons là en présence de la tombe de ce Lin qui fut l'ami de S. Paul et le successeur immédiat de S. Pierre.

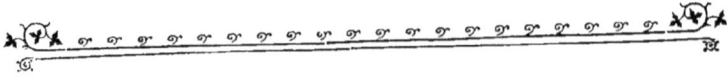

CHAPITRE VI.

LES DÉCOUVERTES EN 1626.

Le grand autel, même après que la Confession eut été construite par Paul V, resta privé des décorations nécessaires pour le mettre en harmonie avec l'ensemble de la basilique. Il était surmonté d'un dais reposant sur des perches que tenaient quatre anges en bois sculpté, de dimensions colossales. Cette œuvre, assez remarquable en elle-même, était par ailleurs de dimensions trop réduites pour la place qu'elle occupait, et, par conséquent, nuisait à l'éclat de l'autel, au lieu de le rehausser [1]. Quand Urbain VIII (Barberini) monta sur le trône, il décida de remplacer ce dais par le grand baldaquin en bronze qui s'y trouve actuellement et dont il confia le dessin et l'exécution au célèbre architecte Bernini. alors le premier artiste de Rome. Le métal destiné à ce travail fut emprunté au portique du Panthéon qui avait subsisté jusqu'alors. Les amateurs d'antiquité crièrent au vandalisme et l'on composa à cette occasion la célèbre satire :

Quod barbari non fecerunt fecit Barbarini.

Pourtant reconnaissons que le bronze du Panthéon n'était pas visible et le monument ne paraît pas avoir souffert de cette perte. Il n'y avait donc guère lieu d'accuser le pape de vandalisme.

Quel que soit le jugement que l'on puisse prononcer sur les détails de cette grande œuvre de Bernini (et il faut avouer qu'elle donne grandement lieu aux critiques) au moins ne peut-on s'empêcher d'admirer l'heureuse exécution d'un si vaste plan. L'immensité de l'édifice éclipse tout ce qu'il contient ; et probablement sur mille des visiteurs qui viennent admirer ce monument, un à peine se rend compte des dimensions du grand baldaquin, un des plus merveilleux ouvrages exécutés en bronze. Le palais Farnèse est le plus important qui soit à Rome, dans cette ville unique pour la grandeur de ses palais ; pourtant la croix qui surmonte le baldaquin est encore plus élevée et la fameuse chute du Niagara n'at-

---

1. Voir le dessin de Bonani, *Hist. Vat. templi*, p. 155.

teint pas le double de cette hauteur. Cependant les touristes pas-
sent en jetant tout au plus un regard de curiosité, sans se rendre
compte qu'il y a là un spectacle extraordinairement remarquable,
tellement l'œil est trompé par les vastes proportions de toutes les
parties du grand édifice. Une structure pareille, avec le poids
effrayant du métal qui la composait, ne pouvait reposer que sur
de solides fondations, et il est évident que les excavations que cela
nécessitait en un lieu immédiatement contigu à la tombe de l'Apôtre
ne devaient pas manquer d'amener des découvertes d'un très grand
intérêt au point de vue archéologique aussi bien que religieux.
Fort heureusement nous avons en cette occasion ce qui nous a
presque toujours manqué pendant tout le cours de la longue histoire de cette tombe. Nous possédons des notes complètes et
détaillées de tout ce qui est arrivé et de tout ce que l'on a trouvé.
Ce travail a été fait alors par Ubaldi, chanoine de la basilique,
que sa position autorisait à assister à toutes les découvertes et à en
prendre note. Ces notes si intéressantes dormaient oubliées dans
les archives du Vatican et il y a à peine quelques années qu'elles
furent mises en évidence par Don Gregorio Palmieri, qui était un
des gardiens de ces archives. Depuis, elles ont été transcrites et
publiées en entier par le Professeur Mariano Armellini dans son
ouvrage *Le Chiese di Roma*, et tous ceux que cela intéresse peuvent les y lire en italien telles qu'elles ont été écrites. Elles présentent une importance et un intérêt tels que nous allons en extraire
les parties principales, n'omettant que quelques digressions historiques qui ne jettent aucun jour nouveau sur notre sujet. Par mo-
ments on trouve dans le manuscrit quelques mots illisibles.

*Détail de ce qui a été trouvé dans les excavations creusées pour
les fondations des quatre colonnes en bronze élevées par Urbain VIII à l'autel de la basilique de Saint-Pierre, par Messire
R. Ubaldi, chanoine de cette cathédrale.*

« Tout ce qui se rapporte à la tombe de S. Pierre est digne de
passer à la postérité. Le pape Urbain VIII, dès le début de son
pontificat, fut désireux de suivre l'exemple de ses prédécesseurs
et d'embellir cette tombe glorieuse et cet autel. Il avait remarqué
qu'aucun des plans qui avaient été conçus jusqu'alors ne s'était
trouvé proportionné à la majesté du dôme et aux dimensions de
l'église, et que tous les embellissements exécutés avaient été ou
simplement inutiles ou même en contradiction avec le but pour-

suivi. Voilà pourquoi il chargea Cav. Giovanni Lorenzo Bernini de Florence, architecte de grand talent, de lui soumettre un nouveau plan qui, sans manquer en lui-même de magnificence, pût laisser dans leur pleine lumière le charme et la grandeur de l'église. Ce plan consistait à élever autour de l'autel quatre grandes colonnes de bronze d'un travail exquis surmontées de quatre anges soutenant le baldaquin. Une œuvre pareille devait demander beaucoup de temps et entraîner une grande dépense, mais le pape était désireux d'embellir ce grand édifice et il donna ordre de commencer les travaux. Trois années furent consacrées à dresser soigneusement les plans et à fondre les colonnes et, cela fait, rien ne s'opposait plus à ce que l'on mît la main à l'œuvre. Mais, à cause de l'énorme poids des colonnes, il devenait indispensable de les faire reposer sur des fondations d'une solidité à toute épreuve. Ordre fut donc donné de faire des expériences et de se rendre compte du degré de sécurité que présentaient les fondations du grand autel et les arches qui les environnaient et qui soutenaient le parvis. Mais les architectes les plus habiles furent confondus lorsqu'ils virent que ces fondations n'occupaient qu'un espace d'une demi-palme au-dessus des sépulcres et ne s'appuyaient sur aucune base solide ; ils furent tout disposés à croire à un miracle. Ils ne pouvaient comprendre comment se soutenaient l'autel et le baldaquin qui le surmontait et comment les foules compactes qui se pressaient dans cette église pour assister aux cérémonies du culte pouvaient le faire sans danger. Mais Dieu donna en même temps une cause de grande joie à tous ces habiles architectes lorsqu'ils virent que le lieu saint était bâti sur « le fondement des Apôtres et des prophètes », et lorsqu'ils reconnurent que ces glorieux saints remplissaient avec leurs corps l'office de « pierres bien cimentées », de même qu'ils étaient eux-mêmes les pierres vivantes de l'édifice spirituel de l'Eglise. Néanmoins, de crainte de voir l'autel s'affaisser, ils prirent la précaution de le soutenir avec des poutres et des échafaudages et d'enlever le baldaquin et les colonnes en bois qui entouraient l'autel. Celui-ci demeura donc découvert et dépouillé pendant plusieurs mois et bien des gens estimèrent qu'il était ainsi plus beau et plus magnifique qu'il ne l'avait jamais été alors qu'il était recouvert du baldaquin. Ce n'est pas sans crainte et sans appréhension que l'on envisagea la nécessité de creuser des fondations si près de la tombe de S. Pierre, de cette tombe qui renfermait des reliques si chères à tous les fidèles et qui intéressait à ce point l'avenir, la gloire et la splendeur de la religion chrétienne. A un tel endroit la plus petite erreur, la moindre négligence devenaient une faute grave, presque un sacrilège. Le pape accueillit volontiers tous les conseils que pouvaient suggérer la prudence et la piété, et il chargea tout spécialement le conservateur de la Bibliothèque du Vatican, Nicolo Alamanni, d'origine grecque, très versé dans l'antiquité, linguiste distingué et grand savant, de prendre soigneusement note des doutes que l'on pouvait concevoir et des dangers que l'on pouvait craindre.

Réponses aux raisons invoquées contre les excavations à faire près de l'autel de S. Pierre

Parmi les diverses raisons que l'on pouvait invoquer, Alamanni en choisit trois seulement à soumettre au pape, comme les plus importantes :

La première était le danger que l'on courait de provoquer des doutes sur l'existence du corps de S. Pierre à Rome dans le cas où l'on n'aurait découvert aucun vestige de tombe près de l'autel, ainsi que le fait se produisit à l'époque de Sixte V, alors qu'on ne put parvenir à trouver le corps de S. Jérôme à l'endroit où l'on avait coutume de l'honorer.

La seconde était la crainte d'être amené à faire une confusion entre le corps de S. Pierre et les corps de tant d'autres papes qui avaient été ensevelis près de lui, étant donné la difficulté de distinguer entre elles ces diverses tombes.

En troisième lieu, la tombe de S. Pierre était si ancienne qu'on pouvait s'attendre à la trouver brisée ou très endommagée de telle sorte qu'il y aurait de grands inconvénients à la toucher.

Ce ne fut pas sans étonnement que l'on constata qu'Alamanni avait omis de citer la lettre de S. Grégoire *(Ep. 30 ad Augustam)* qui était la cause de tous les doutes formulés ; lettre si estimée et si honorée qu'elle a été insérée dans l'index des reliques de Rome et conservée parmi les plus importantes archives de cette église. Il est impossible de ne pas lui en faire un grief, car, ou bien il omit de voir cette lettre, ou bien, l'ayant vue, il négligea d'en parler. Il se contenta de faire une réponse savante aux objections formulées. A la première il répondit qu'il était impossible de douter de l'existence du corps de S. Pierre à Rome, attendu que les hommages qu'on lui rend sont légitimés par les récits de tant de Pères. Leurs témoignages sont si nombreux et si affirmatifs qu'ils pourraient convaincre même un hérétique que Rome avait reçu les enseignements de S. Pierre, vu son martyre, et reçu sa dépouille mortelle. Il ajouta que chacun savait qu'à l'époque des invasions des Barbares, son sépulcre avait été tout spécialement respecté et que la situation de ce sépulcre était très nettement indiquée et distinguée des autres par les détails suivants, *viz :* 1° le dessin en mosaïque, représentant le Sauveur placé par Léon III dans une petite niche sous l'autel. 2° Le trou existant au milieu de la niche, appelé par Anastase le bibliothécaire *Billicum Confessionis*. On sait que les objets qui étaient posés à cet endroit étaient considérés comme ayant touché le corps de S. Pierre et que c'est là que venaient prier les fidèles qui voulaient obtenir quelque faveur par l'intercession de S. Pierre. 3° La grille en bronze réparée par Innocent III.

Toutes ces indications étaient encore visibles. D'ailleurs ce n'étaient pas seulement les abords du tombeau qui étaient faciles à distinguer, mais encore le tombeau même. Comme le remarque Anastase, ce tombeau était hermétiquement fermé et très solidement fixé. D'après Alamanni, il était entouré de chaque côté de bronze, sur une épaisseur de cinq pieds et comme marque supplémentaire, il était surmonté de la croix d'or portant les noms de Constantin et de sa mère Hélène. De cette manière, il était certain qu'en tous cas non seulement cette tombe pouvait être confondue avec les autres, mais aussi qu'elle n'avait pas été détériorée par les années ou endommagée par quelque accident comme le suggérait la troisième objection. Ces réponses, une fois publiées par Alamanni avec toute l'autorité qu'entourait son nom et corroborées par tout ce qu'il y ajouta de vive voix, dissipèrent tous les scrupules des cardinaux qui étaient chargés d'administrer la fabrique et encouragèrent fortement le pape dans ses projets.

Comment on entreprit de creuser le sol et des craintes que provoqua la mort d'Alamanni.

« Dès que l'ordre de commencer les excavations fut arrivé, Bernini, sans toucher au parvis supérieur, mesura soigneusement dans la crypte les bases où devaient s'appuyer les piliers et fit commencer les fouilles. A une distance d'un peu moins de dix pieds du *billicum* de la Confession, on trouva, une fois arrivé au parvis inférieur, une grande quantité de sépulcres et de tombes. Bernini fit alors suspendre les travaux et il avisa les autorités ecclésiastiques. A la suite de cet avertissement, arrivèrent sur les lieux pour étudier la question et prendre les mesures nécessaires : l'évêque Sulmona, qui était vicaire de la basilique, Mgr Angelo Georio, grand échanson du pape, chanoine et altariste de l'église, et Mgr Mario Bovio, qui était aussi chanoine et premier sacristain. Une fois les premières tombes ouvertes et les corps mis à jour, Alamanni fut appelé et donna son opinion sur la situation et la nature des tombes ainsi que sur l'apparence des corps, ce qui amena tous les assistants à cette conclusion, peut-être un peu hâtive, que ces premiers corps n'étaient pas des dépouilles de Saints ni même d'ecclésiastiques. Cela se passait le 10 juillet. Le lendemain, Alamanni fut pris de malaise et immédiatement sa maladie fut jugée mortelle; effectivement elle empira à tel point que le 14, il mourut. Il ne manquait certes pas de raisons normales pour expliquer sa mort, sans recourir au miracle, puisque cet été, contrairement à ses habitudes, il avait travaillé très assidûment dans divers cimetières, sans tenir compte ni de la saison ni des heures, ayant été chargé du soin d'envoyer des dépouilles de Saints en Espagne. On supposa néanmoins que c'était là un de ces cas identiques aux avertissements signalés par S. Grégoire, et le peuple commença à blâmer Alamanni d'avoir ainsi rendu inutile, en raison de ses doutes peu fondés, un travail entrepris sous l'impulsion d'un zèle réellement pieux et d'une religieuse vénération pour ces lieux saints. Ces idées ne prirent que plus de consistance lorsqu'on apprit successivement la mort, après un court malaise, de Don Francesco Schéaderio, chapelain privé du pape, le plus cher et le plus intime ami d'Alamanni, et qui partageait toute sa manière de voir; le décès, à la suite d'une maladie extraordinaire, de Barthélemy, son secrétaire; et enfin lorsqu'on apprit qu'un de ses serviteurs avait été condamné à mort à la suite d'un meurtre qu'il avait commis. Toutes ces calamités modifièrent profondément la manière de voir de bien des gens, car ils découvrirent dans ces nouveaux exemples la confirmation de ce qui s'était passé du temps de S. Grégoire. Mais, ce qui troubla le plus les esprits, ce fut l'indisposition qui atteignit le pape lui-même à ce moment-là; tous ces sentiments préoccupaient l'esprit du peuple à Rome et faisaient l'objet de toutes ses conversations. Les uns par suite d'une certaine crainte religieuse, les autres par respect humain, désapprouvaient maintenant une entreprise qu'ils admiraient au début. Les prêtres de la basilique eux-mêmes qui, au début, considéraient comme un vrai privilège la permission d'assister à ces travaux, commencèrent à se tenir à l'écart et chacun en arriva à considérer comme une irrévérence et presque un sacrilège ce qui lui paraissait auparavant un pieux hommage. Tous ne s'en

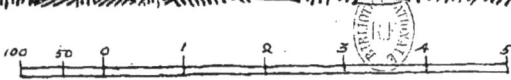

Scala Metrica

LE MUR SÉPARANT LES DEUX CHAMBRES A LA PLATONIA.

(Fondé sur un dessin de Mgr Lugari

Le tombeau de Saint Pierre.

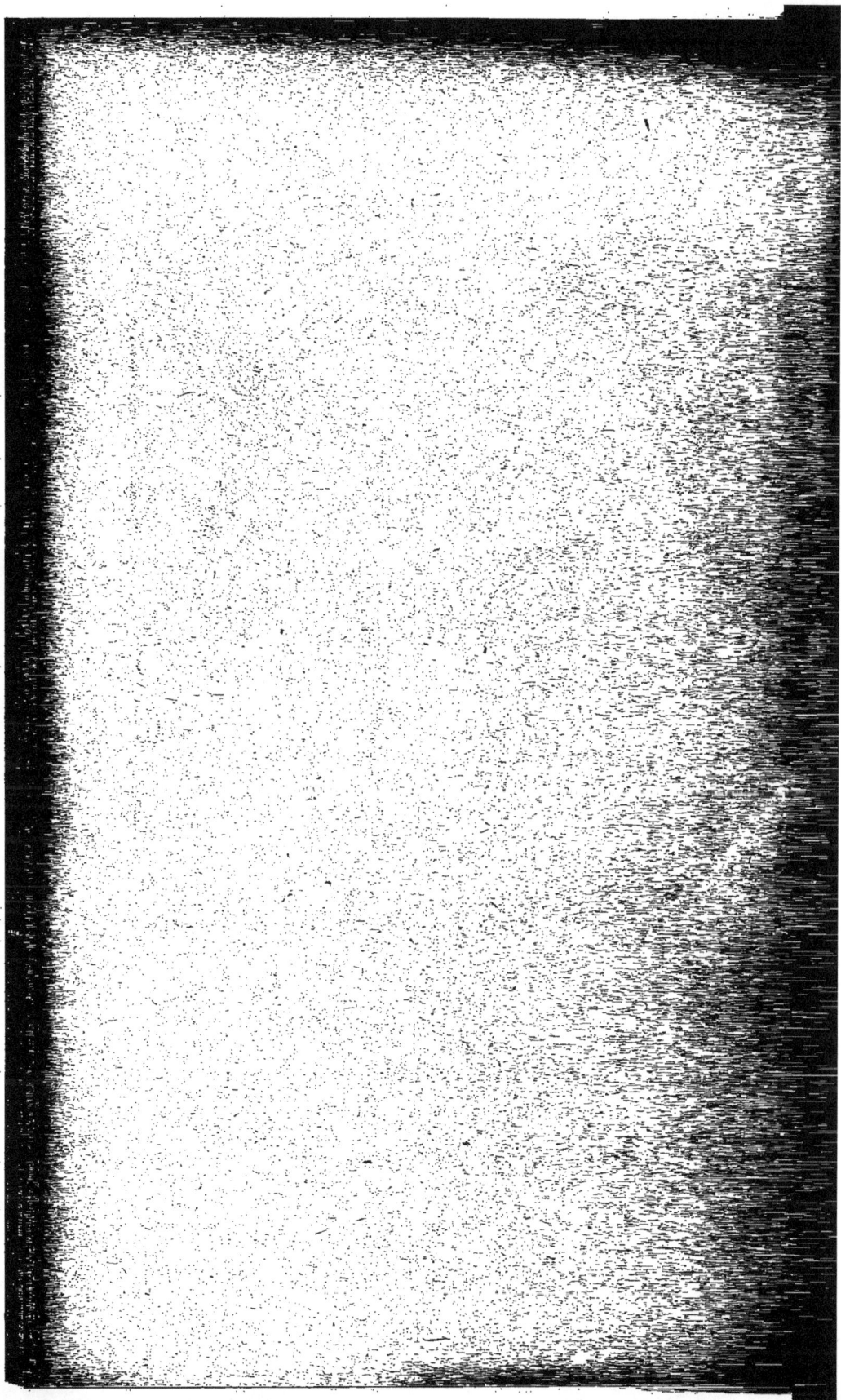

tretenaient que de la lettre de S. Grégoire; savants et ignorants la lisaient et la commentaient. Pendant ce temps, le pape, fort de la pureté de ses intentions et n'ayant en vue que l'honneur et la gloire de Dieu, jugea, avec autant de courage que de prudence, que ces sentiments populaires n'étaient pas un motif suffisant pour abandonner ses projets. C'était, dans tous les cas, aux gens pieux et instruits à se rendre compte si les faits signalés par S.Grégoire étaient comparables aux circonstances actuelles; et il redoutait de bien mal interpréter les paroles qu'avait prononcées ce pape illustre pour glorifier et honorer les saints Apôtres, en les invoquant comme une raison suffisante pour laisser leurs sépulcres et leurs autels dans l'abandon et le dénûment.

Ordres du pape concernant les précautions à prendre en cette occasion.

Du moment qu'il était nécessaire de bouleverser une terre aussi sainte et de toucher aux trésors qu'elle avait cachés jusqu'alors, le pape ne manqua pas de prendre toutes les mesures voulues pour observer le respect dû à ces lieux consacrés et pour sauvegarder la sécurité des reliques. Il ordonna que, pendant tout le temps que les ouvriers seraient à l'œuvre, quelques prêtres et ministres du culte seraient présents pour ouvrir les sépulcres, enlever et replacer les corps, les ossements, la poussière et les cendres des Saints. Il défendit, sous peine d'excommunication, à toutes personnes, quels que fussent d'ailleurs leur rang et leur situation, de descendre à ce moment-là dans la Confession; étaient seuls exceptés ceux que leurs fonctions ou leurs travaux y appelaient. Il interdit également, sous les mêmes pénalités, à qui que ce fût, d'emporter des ossements, médailles, vêtements, cendres, et même la poussière et la terre existant dans ces mêmes lieux. De plus, l'architecte et les contre-maîtres reçurent des ordres précis de ne pas creuser au delà de la distance rigoureusement nécessaire. Tous les cadavres et ossements des Saints devaient être replacés dans des coffres en cyprès et rester enfermés et scellés dans la Confession, de manière à pouvoir plus tard être remis en place. La terre trouvée près des cendres et des os des martyrs ou mélangée à des fragments d'os, devait être conservée sous le mortuaire, dans la petite chapelle de la Trinité. Tout le reste de la terre devait être gardé dans les cryptes et replacé dans des récipients *ad hoc* dans la Confession. Un clerc romain, notaire du chapitre, qui était aussi attaché aux archives de Saint-Pierre, reçut l'ordre d'être toujours présent et de prendre note de tout ce que l'on ferait et de tout ce que l'on découvrirait. Et enfin, Gio. Batt. Calandra, superintendant de la fabrique, dessinateur et peintre très habile, fut chargé de prendre des croquis de tout objet remarquable que l'on découvrirait. Bref, rien ne fut négligé pour éviter toute espèce de désordre et d'inconvénient. L'opération tout entière fut confiée à Angelo Geori, le grand échanson du pape, qui était aussi chanoine et altariste, et celui-ci mit tous ses soins, tout son zèle et toute sa vigilance à la diriger et à la surveiller.

Fouilles faites pour les premières fondations.

On commença à creuser la première fondation sous la Confession, derrière l'épître, à l'extrémité du grand autel, à quelques pieds au delà du réduit ménagé dans la niche de la Confession. Ainsi qu'on l'a dit, à peine arrivé à deux ou trois pouces au-dessous du sol, on trouva des cercueils et des sarcophages, les uns côte à côte, les autres superposés ; l'arrangement ne semblait pas avoir été fait avec ordre et méthode, mais suivant les circonstances et à des époques distinctes. Ceux qui étaient le plus près de l'autel, étaient placés le long d'un ancien mur qui paraissait suivre la direction de l'autel, ce qui donna à penser que ces corps reposaient tout près de S. Pierre. Il y avait là des cercueils en marbre formés de plaques de différentes dimensions, sans aucune inscription ni marque, soit parce que les premiers chrétiens évitaient d'imiter les juifs qui avaient l'habitude d'inscrire leurs noms sur leurs tombeaux, soit afin de mettre ainsi les tombeaux aussi bien à l'abri des déprédations que des hommages. C'est un usage qui semble avoir prévalu pendant plusieurs années, puisque nos archives mentionnent que l'on a remarqué cette particularité non seulement dans les découvertes faites à ce moment, mais aussi à d'autres époques. Sur plusieurs de ces tombes étaient placées des tuiles en *terra cotta*, arrangées en pyramides pour les préserver. Deux des principaux cercueils étaient découverts et chacun d'eux contenait deux corps. On pouvait en distinguer encore les formes et juger que les têtes étaient tournées vers l'autel. Ces cadavres étaient revêtus de longs vêtements descendant jusqu'aux talons et que le temps avait rendus presque noirs ; ils étaient enveloppés de bandages comme les enfants et ces bandages enveloppaient aussi la tête. C'est à peine s'ils exhalaient une odeur particulière. Ces corps

étaient placés côte à côte avec le plus grand soin. Ces cadavres
comme tous les autres tombèrent en poussière dès qu'on y toucha
et c'est à peine si quelques fragments de vêtements restèrent intacts. Il était impossible de faire des conjectures un peu précises
sur la condition ou le nom de ces corps, mais la tradition nous
apprend d'une manière claire et précise que, près des restes de
S. Pierre, furent enterrés les premiers patriarches et Pères de
l'Église, dont le sang a été le germe de notre grande et sainte
génération chrétienne. Sans doute, ces corps ne portaient aucun
signe ou marque indiquant qu'ils avaient subi le martyre, comme
on avait pu le découvrir par les ossements trouvés plus bas, mais
il ne faut pas oublier qu'il était malaisé de faire des observations,
puisque les têtes étaient enveloppées avec tout le reste des corps
et d'ailleurs l'histoire nous apprend que tous les papes et martyrs
n'ont pas péri par l'épée. Il est également certain que le privilège
d'être enterré, non seulement près du tombeau de S. Pierre, mais
même dans la basilique de Saint-Pierre, était absolument refusé
à tous ceux qui n'avaient pas subi le martyre, et s'il y avait eu
parfois exception, ce n'avait été qu'en faveur de mérites tout à
fait extraordinaires. Des inscriptions gravées sur le marbre mentionnent ces quelques exceptions, remontant à l'époque d'Hormisdas et de Jean III. Elles sont placées sous la Confession et figurent
également dans nos archives. S. Jean Chrysostome nous dit que
« les empereurs s'estimaient heureux d'être admis dans le vestibule
et de monter la garde à la porte du pêcheur ». En effet, on voyait
dans l'antique *atrium* les tombeaux des empereurs Othon II, Valentinien et Honorius, tandis que les papes qui ont succédé à Sylvestre étaient enterrés sous le portique. Nous pouvons donc conclure que ceux qui ont été trouvés si près de S. Pierre doivent
être les premiers papes martyrs ou leurs successeurs immédiats.
Telle était aussi l'opinion de Clément VIII lorsque, en élevant deux
piliers pour consolider le nouvel autel, il découvrit un ancien sépulcre, contenant un corps bien conservé et quelques autres objets.
Tiberio Alfarano rapporte que Clément, par respect pour cette
tombe qu'il considérait comme celle d'un des pontifes qui fondèrent
l'Église romaine, désira la laisser en place sans la toucher.

Au même niveau, près du seuil de la porte, on découvrit un
cercueil en pierre, coupé dans le milieu et que l'on reconnut pour
être celui que l'on avait fait ainsi couper à l'époque de Paul V,
afin qu'il ne s'élevât pas au-dessus du sol de la Confession. Il
contenait quelques ossements qui avaient été mélangés avec de la

terre et placés là avec soin. Mais, à l'époque où on le trouva, on avait dû tout simplement le recouvrir de plaques de marbre, laissant de côté son couvercle. Ces diverses plaques de marbre portaient encore quelques lettres d'inscriptions, indiquant qu'elles avaient servi en des temps plus récents pour des sépultures de chrétiens.

« On trouva encore, toujours au même niveau, et près du mur, deux autres cercueils de plus petite dimension, contenant chacun un petit corps, apparemment celui d'un enfant de dix à douze ans. En enlevant un de ces corps, on put se rendre compte qu'il était enveloppé de bandes comme les autres et qu'il portait un vêtement qui semblait avoir été blanc. Quelques personnes ont éprouvé une vive surprise en voyant là des corps d'enfants si jeunes, mais cet étonnement n'est nullement justifié si nous considérons que, dans l'Eglise, aucun âge ou aucune condition n'étaient exigés de quiconque voulait souffrir et mourir pour le Christ. On peut se ranger aussi à l'opinion très admissible de ceux qui pensent que des personnages de grand mérite ont pu obtenir pour un jeune fils ou pour un neveu la grâce de reposer près du sépulcre des martyrs. C'est ainsi que nous lisons que S. Paulin, évêque de Nole, fit enterrer un jeune enfant, du nom de Celsus, aux pieds des martyrs. S. Ambroise trouva bon que son frère Satirus fût enseveli aux pieds de S. Gervais et de S. Protais, et il fit transporter au même endroit le corps de sa sœur Marcellina. « Par la raison (nous dit Maximus, dont les écrits nous ont été conservés avec ceux de S. Ambroise (Serm. 77) que nos ancêtres ont voulu unir notre dépouille aux reliques des Saints afin que l'enfer qui les redoute ne puisse rien contre nous et afin que la lumière du Christ qui les éclaire puisse dissiper nos propres ténèbres. » Mais le privilège de reposer si près du tombeau de S. Pierre pouvait très difficilement être accordé à cause de la grande vénération en laquelle était tenue une pareille place.

« Près de là, sous les deux grands cercueils trouvés en premier lieu, on en découvrit deux autres anciens en *terra cotta*, remplis de cendres et d'ossements brûlés, et dont l'un fut brisé par la négligence des ouvriers. Dans l'un des deux était une dent si grande et si belle qu'on la prit pour la montrer au pape. Plus profondément, on trouva d'autres fragments de cercueils semblables et aussi des morceaux de verre, provenant de fioles brisées et indiquant que la terre qu'elles avaient contenue était mélangée aux cendres et au sang des martyrs. Tout cela fut donc soigné et conservé avec un religieux respect. On découvrit aussi des mor-

ceaux de bois calcinés et l'on supposa qu'ils avaient servi pour
brûler les martyrs et qu'après leur mort ils avaient été conservés
comme des joyaux, mêlés à leurs cendres. La persécution n'eut pas
plutôt commencé dans l'Église, que Dieu inspira aux chrétiens
la plus grande vénération et le plus grand zèle en l'honneur des
martyrs. Nos annales sont remplies du récit des dangers courus
par les fidèles et de leur empressement à rechercher les restes
de ces martyrs, tous, même les femmes et les jeunes filles, s'expo·
sant afin de ne pas laisser perdre un seul cheveu de leur tête
sacrée. Les instruments de leur supplice étaient recherchés et soigneusement gardés comme témoignages de leur gloire et trophées
de leur victoire. C'est pourquoi nous voyons les·pierres de S. Étien-
ne, les charbons de S. Laurent et les chaînes de S. Pierre et de
S. Paul briller dans l'Église comme des diamants, des couronnes
et des diadèmes. Et, dans cette même basilique, à l'époque de
Paul III, lorsqu'on fit des fouilles à l'endroit même où ce pape
est aujourd'hui enseveli, on trouva au milieu des dépouilles des
martyrs cette épée recourbée, appelée en latin *ungula*, qui fait
partie aujourd'hui des reliques que l'on vénère avec tant de piété.
Cet instrument de supplice dont les cruels persécuteurs se servaient pour déchirer les membres des martyrs, est devenu maintenant un objet de vénération et le gage de la grâce divine ; ces
armes, jadis détestées parce qu'elles avaient été souillées par le
contact d'infâmes bourreaux, sont honorées par les prêtres les
plus saints et par les princes de l'Église, qui les baisent avec amour
en raison de leur contact avec les corps des martyrs.

On trouve aussi des récipients en *terra-cotta* remplis de cendres
et de terre ensanglantée.

Première pièce de monnaie. — Dans les deux cercueils mentionnés plus haut, on trouva une pièce de monnaie sur la face de laquelle, une fois nettoyée, les gens, experts en la matière, purent
lire, non sans peine, ces lettres : M. COMM. ANT. P. FEL. AUG
c'est-à-dire *Marcus Commodus Antonius Pius Felix Augustus*. Sur
le revers était représenté un personnage debout, tenant une lance
dans la main gauche et une palme dans la main droite, avec ces
lettres en dessous : IMP. P. M. TR. P., c'est-à-dire *Imperator,
Pontifex Maximus, Tribuniliae Potestatis*. Cela ne fit que confirmer
l'opinion déjà répandue qu'en creusant plus profondément on trou-
verait des reliques des martyrs des premières persécutions. Commode régnait en 182 et était très hostile aux chrétiens et ceux-ci,
ne pouvant transmettre à la postérité les noms des martyrs, prirent

le parti de mêler à leurs cendres des pièces de monnaie à l'effigie de l'empereur afin de marquer la date de leur martyre.

En continuant les fouilles plus profondément, on mit à jour un beau fragment de ce marbre connu sous le nom de *porta sancta* et qui recouvrait un grand cercueil. En l'ouvrant, on aperçut deux corps enveloppés toujours de la même manière, de bandages. L'un était de taille ordinaire, l'autre de dimensions beaucoup plus petites. On pouvait supposer que c'était le corps d'un jeune enfant, mais aucune certitude n'était permise, car en le touchant pour l'examiner, il tomba complètement en poussière. En poursuivant les travaux, on rencontra l'ouverture d'un puits de petite dimension, renfermant un grand nombre d'ossements mélangés avec des cendres et avec de la terre et un cercueil ressemblant aux autres. Près de là, était ménagée une construction carrée. D'un côté étaient plusieurs corps, l'autre côté formait la continuation de ce mur très ancien dont nous avons déjà parlé. Ce mur était percé d'une niche qui avait servi de sépulcre ; au sommet de cette niche, cinq têtes entières avaient été soigneusement fixées avec du plâtre contre les parois de la niche ; plus bas, les côtes réunies ensemble et les autres ossements mélangés avec beaucoup de terre et de cendres, non pas jetés là au hasard, mais, au contraire, disposés avec de pieuses précautions. Toutes ces précieuses dépouilles étaient fixées avec de la chaux et du mortier. Cela nous explique que ceux que l'on appelait *laborantes*, d'après leurs fonctions de vêtir les corps des morts, avaient aussi reçu le nom de *fossarii*, parce qu'ils étaient aussi chargés de placer ces mêmes corps dans les niches ou fosses. Epiphanius fait aussi mention de ce nom dans un passage cité par Baronius [1]. On peut voir encore, de notre temps, dans les Catacombes en dehors de Rome, des sépultures du même genre. Dans la niche que nous mentionnons plus haut, on trouva une autre pièce de monnaie.

Deuxième pièce de monnaie. — Autour de la face on pouvait lire ces lettres : IMP. MA. VAL. MAXIMIANUS AUGUSTUS, c'est-à-dire *Imperator Cesar Marcus Valerius Maximianus Augustus.* Sur le revers, l'on voyait l'image de Jupiter debout et tenant dans la main droite la foudre et dans la main gauche une lance ; au-dessous ces mots : JOVI CONSERVAT, et ensuite plus bas : IXXIT. C'est sous Maximin et sous Dioclétien qu'eurent lieu, en 285, les cruels massacres de chrétiens. De l'autre côté de cette construction, existaient des fosses creusées avec soin dans la terre

---

1. Baronius, *Annal.* 44.

ferme et rouges du sang qu'elles contenaient au point que la main qui s'y serait appuyée en aurait été teinte. Cette circonstance fut observée avec la plus grande surprise, entre autres, par Signor Giovanni Battista Gonfalonieri, maintenant archiviste à Castello, homme d'une grande piété et d'une science profonde. Là aussi se trouvaient d'autres ossements amoncelés ensemble et fixés, comme les autres, avec du plâtre et, au milieu de cette même construction, se trouvaient deux têtes avec une partie d'un corps.

Troisième pièce de monnaie. — Dans la bouche d'une de ces têtes on découvrit une pièce de monnaie. Ce qui la fit découvrir c'est la profonde décoloration qu'elle avait produite tout autour sur les dents. Cette pièce était brisée et usée, mais après un examen minutieux on crut pouvoir y reconnaître Cornelia Salonina, fille du roi de *Marcomanni* et femme de l'empereur Galienus. On ne put rien déchiffrer autour de la face. Au revers on distinguait un personnage debout ayant une coupe dans la main droite et une lame dans la main gauche, et sur les côtés S. C., c'est-à-dire *Senatus Consulto.* Galienus commença à régner avec Valérien, son père, en 254 et fut un cruel persécuteur des chrétiens.

« La terre ferme ayant été atteinte, les travaux des premières fondations cessèrent. La terre enlevée de cet endroit paraissait plutôt humide, et les vestiges de tranchées et de tuyaux qu'on y avait trouvés montraient que cette partie avait dû être exposée aux inondations. Quelques-uns en ont conclu qu'un ancien mur [1] découvert au-dessous de la petite porte *(porticella)* de la Confession de ce côté-là, pouvait être la construction, élevée par Damase, pour préserver des atteintes de l'eau le tombeau de S. Pierre et des autres Saints. Mais cette hypothèse est combattue par les vers que l'on peut encore lire sur la pierre placée sous la Confession et qui sont aussi transcrits dans nos archives. Les voici :

> « CINGEBANT LATICES MONTEM TENEROQUE MEATA
> CORPORA MULTORUM CINERES ATQUE OSSA RIGABANT
> NON TULIT HOC DAMASUS COMMUNI LEGE SEPULTOS
> POST REQUIEM TRISTES ITERUM PERSOLVERE POENAS
> PROTINUS AGGRESSUS MAGNUM SUPERARE LABOREM
> AGGERIS IMMENSI DEJECTIT CULMINA MONTIS
> INTIMA SOLLICITE SCRUTATUS VISCERA TERRAE
> SICCAVIT TOTUM QUIDQUID MADEFECERAT HUMOR
> INVENIT FONTEM PRAEBET QUI DONA SALUTIS
> HAEC CURAVIT MERCURIUS LEVITA FIDELIS.

---

1. Ce mur était peut-être celui de l'escalier conduisant à la voûte.

« Ces lignes prouvent que les travaux accomplis par Damase ont été faits non pas dans la basilique mais au dehors et qu'ils étaient autrement importants et coûteux qu'un simple mur. Néanmoins, il a pu très bien se faire que ce mur ait été aussi construit pour remédier à l'humidité, soit à cette époque, soit à une autre, mais autant qu'on peut s'en rendre compte et comme le penseraient des gens experts, ce mur ne pouvait être d'aucune utilité pour le sépulcre de S. Pierre et ne pouvait servir qu'aux tombes placées à un niveau inférieur.

« Il était maintenant nécessaire de considérer comment ces ossements et ces restes sacrés pouvaient être le plus convenablement mis en lieu sûr et en une place d'honneur. On les avait enfermés dans diverses caisses de bois de cyprès et transportés devant le petit autel de S. Pierre dans la Confession où ils avaient été fermés et mis sous scellés. On comprenait qu'ils ne pouvaient être privés de l'honneur d'être rapprochés du corps de S. Pierre, mais que cet honneur et cette prérogative devaient, dans l'avenir, remplacer l'inscription glorieuse qui leur était due, et dont ils avaient été privés dans le passé pour les mêmes motifs. C'est ainsi qu'il fut décidé que de même qu'ils avaient été trouvés enterrés tous ensemble et sans distinction de noms, de même encore une seule tombe devait tous les contenir, car comme l'a si admirablement dit S. Grégoire de Nazianze, tous les saints martyrs ne forment qu'un dans la charité. Donc, lorsque les fondations commencèrent à s'élever à quatre ou cinq pieds au-dessus du sol le plus bas, on construisit une tombe convenable et le 28 juillet, jour de la fête de S. Victor, un des papes enterrés près de S. Pierre, on les remit de nouveau en terre. Plusieurs chanoines étaient présents, ainsi que d'autres prêtres attachés à la basilique ; à la lumière des cierges et au chant des hymnes et des psaumes, ils rendirent les honneurs religieux à leurs glorieux patrons. Et c'est ainsi que fut consacrée cette fondation ; le pilier qui devait s'élever à cette place fut confié à la garde et à la protection de ces Saints. On plaça dans ce tombeau le mémorial suivant, gravé sur une plaque de plomb : *Corpora sanctorum prope sepulchrum Sancti Petri inventa cum fundamenta effoderentur aereis columnis ab Urbano VIII super hac fornice erectis, hic simul collecta et reposita die 28 julii 1626.*

Fouilles pour la seconde fondation.

On commença les fouilles pour la seconde fondation, en face de la première, vis à vis la Confession. A trois ou quatre pieds

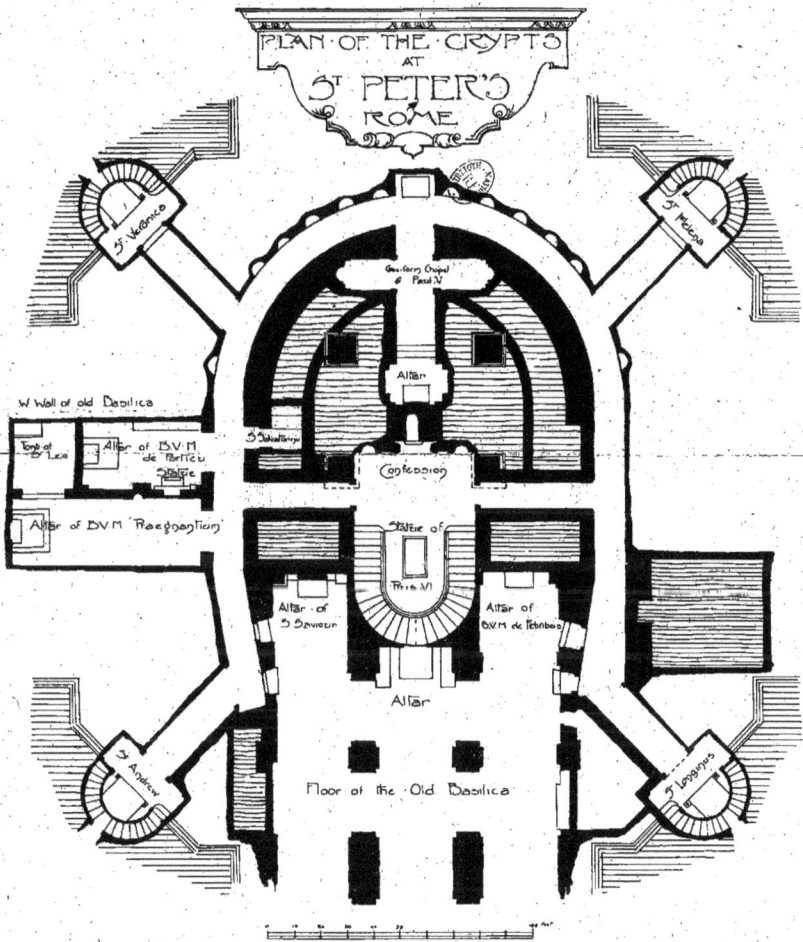

PLAN·OF·THE·CRYPTS
AT
St PETER'S
ROME

St Veronica

St Helena

Confessory Chapel
of Paul V

Altar

W Wall of old Basilica

Tomb of
St Leo

Altar of BVM
de Portico

Altar of BVM 'Praegnantium'

S Schrattenbach

Confession

Statue of
Pius VI

Altar of
S Saviour

Altar of
BVM de Petribus

Altar

St Andrew

St Longinus

Floor of the Old Basilica

de profondeur, on découvrit sur le côté un grand cercueil en marbre, mais comme il gênait fort peu les fondations elles-mêmes, il parut suffisant d'ouvrir cette tombe par le côté, et une fois cette opération accomplie, ce ne fut pas sans surprise que l'on s'aperçut qu'il renfermait des cendres avec de nombreux ossements, le tout adhérent ensemble et à demi consumé. Cela remit en mémoire à tous les assistants le célèbre incendie de Néron, trois ans avant le martyre de S. Pierre. C'est alors que les chrétiens, faussement accusés d'être les auteurs de cet incendie, et déclarés coupables, offrirent le premier spectacle du martyre dans le cirque des jardins de Néron, situés en cet endroit même, sur la colline du Vatican. Quelques-uns furent mis à mort avec divers raffinements de cruauté, tandis que d'autres furent brûlés vivants, servant de torches pendant la nuit, et inaugurant ainsi sur le Vatican, par la lumière qu'ils répandaient, la splendeur vivante de la nouvelle religion, tandis que d'autres avaient fourni, avec leur sang, la pourpre nouvelle, autrement belle et durable que la pourpre royale. On dit qu'ils furent enterrés près de l'endroit où ils avaient souffert le martyre, et que ce fut l'origine de la religieuse vénération dont jouit désormais cet endroit qui, depuis cette époque, porta le nom de martyre, confession et oratoire. Trois années plus tard, ce lieu sacré, dont le sang de ces martyrs avait fait comme un précieux joyau pour les fidèles, s'embellit et s'enrichit de la pierre la plus précieuse [1]. Combien il faut aussi admirer la Sagesse éternelle qui a voulu que là aussi fût répandu le sang de tant d'Innocents, même avant que s'élevât la croix de S. Pierre, et même celle du Sauveur. Nous avons donc révéré ces restes précieux, comme ceux des fondateurs de cette grande basilique et des premiers martyrs et nous avons remis le cercueil à sa place.

Pendant les travaux faits pour établir cette fondation, on ne trouva aucun autre cercueil, mais seulement quelques ossements mélangés avec de la terre.

Quatrième pièce de monnaie, trouvée dans la deuxième fondation. — On trouva là une pièce de monnaie à l'effigie de Faustina, fille d'Antoninus Pius et de Faustina, femme de l'empereur Commode. Autour de la tête étaient écrits ces mots : *Faustina Augusta.* Sur le revers, un personnage debout, tenant une palme dans la main droite et une corne d'abondance dans la main gauche avec cette légende *Hilaritas,* etc., et sur les côtés S. C. C'est la dernière pièce de monnaie qui fut trouvée. De même que ces pièces rappe-

---

1. Allusion au nom de l'apôtre Pierre

laient ces époques de barbarie et de cruauté envers les chrétiens, de même aussi elles désignaient les premiers et les plus glorieux martyrs. Et puisque la glorification des martyrs entraîne la honte et l'infamie de leurs oppresseurs, ce ne furent certainement pas les seuls empereurs qui éprouvèrent les effets de la vengeance divine. Commode, après avoir tenté de s'empoisonner, fut étranglé par Marcissus, à l'instigation de Marcia, sa concubine, d'Electus, son chambellan, et de Letus, préfet de son armée. Galienus vit Valérien, son père, fait prisonnier par Sapor, roi de Perse, qui le tint en cage pendant sept ans, s'en servant comme d'un marchepied lorsqu'il montait à cheval, et qui finit par le faire écorcher vivant. Quant à Gallien, qui régna à partir de l'an 254 pendant sept ans avec son père, et ensuite seul pendant huit ans, il vit ceux qu'on appelait les trente tyrans, se révolter contre lui et il fut assassiné près de Milan, en 269. Et enfin Maximien, qui abdiqua en même temps que Dioclétien, finit par être étranglé.

A environ douze palmes au-dessous, on découvrit quelques tuilés du même genre et placées de la même manière que celles dont nous avons déjà parlé. Elles recouvraient un corps de grande taille que l'on mesura et qui dépassait six pieds de long. La tête était tournée du côté de l'autel, les mains entrelacées et tout le reste du corps se trouvait parfaitement à sa place. Il ne portait aucun vestige de vêtements, aucune médaille, ni aucun signe distinctif ; les ossements étaient bien conservés et soigneusement fixés avec du plâtre. Ce corps fut replacé avec les autres ossements dans le cercueil où avaient été laissées les dépouilles à demi consumées, dont nous avons déjà parlé. Tout cela fut fait, avec le soin et la vénération qui avaient présidé à la première cérémonie, le jour d'août.

La profondeur de ces excavations était de vingt pieds et la terre qui en fut extraite était d'une nature différente de la première, moins légère et présentant une couleur plus jaune ; on ne rencontra pas là, comme dans l'autre partie, des traces de murs anciens, car on se trouvait plus rapproché de la partie du cirque qui fut englobée par Constantin dans la construction de l'ancienne église.

Fouilles pour la troisième fondation.

Le premier travail fut de démolir le mur sous la voûte, en partant de la première fondation jusqu'à l'endroit qu'allait occuper la troisième, du côté de l'épître. En face du maître-autel, on dé-

couvrit une partie du mur de l'ancien chœur, où étaient les sièges
des cardinaux, et ces reliques des temps passés attirèrent la vénération de tous ceux qui purent les considérer. On rencontra ce
même mur lors des travaux de la quatrième fondation du côté
opposé, et, en observant sa courbe et sa direction, il fut aisé de
voir qu'il correspondait exactement à la position de la niche sous
l'autel, où se trouve la *fenestrella* de bronze ; de telle sorte qu'il ne
correspondait pas exactement à la porte du milieu de la basilique,
mais à un des côtés, à la *Cappella Gregoriana*. En cherchant
quelles assises solides pouvaient soutenir ce mur, nous fûmes fort
surpris de trouver, aux premiers coups de pioche, de nouveaux
cercueils et de nouvelles tombes. Là aussi, à peine à quelques
pieds de profondeur, on se trouva en présence du même mur
ancien le long duquel étaient rangées, comme nous l'avons dit
plus haut, les tombes et sépultures de la première fondation. Sa
partie supérieure laissait voir quelques ornements de stuc, encore
bien conservés, qui indiquaient que la plus grande partie de cette
construction, qui probablement avait été anciennement un petit
temple juif ou un théâtre, devait descendre au-dessous du sol. On
trouva aussi dans ces fouilles et à une petite profondeur un cercueil beaucoup plus grand que les autres et recouvert d'une large
plaque en pierre, avec deux anneaux en fer à chaque extrémité.
On n'y trouva qu'un peu de poussière et de cendres et il est probable qu'il avait déjà été ouvert précédemment. Au centre était une
plaque de marbre supportée par deux crochets en fer et dans laquelle était scellé un autre anneau, mais au-dessous il fut impossible de discerner les formes d'un corps entier ; il y avait seulement
de la poussière en plus grande quantité qu'au-dessus, de couleur
et beaucoup de moisissure. En prolongeant les fouilles à
quatre pieds au-dessous, on rencontra et on brisa une plaque recouvrant une tombe. Celle-ci n'était pas régulière mais simplement
formée de trois grandes plaques d'une forme triangulaire. Au dedans se trouvaient plusieurs ossements à leur place naturelle, avec
quelques débris d'un vêtement qui présentait l'apparence d'une
chasuble, probablement jadis enrichie d'ornements en or, car de
nombreuses parcelles d'or étaient mêlées aux cendres et à la poussière. Ces plaques ne portaient aucune inscription sauf la plaque
supérieure sur les côtés de laquelle étaient gravés divers noms
de consuls. Des pierres et plaques du même genre, qui avaient servi
très anciennement aux païens pour divers usages et que les chrétiens avaient ensuite utilisées, ont été trouvées non seulement dans
les fouilles actuelles mais dans d'autres fouilles, comme le men-

tionnent nos archives. Cela n'a rien d'extraordinaire si l'on considère que ces lieux qui bordaient le cirque et les jardins de Néron,
étaient pleins de tombes, de statues et d'ornements et qu'Héliogabale, trouvant que tous ces objets gênaient ses courses de cha-
riots, en mit à bas une grande partie. C'est parmi ces impurs monuments du paganisme que les chrétiens des premiers jours durent
cacher et ensevelir les reliques, plus précieuses que des bijoux,
des premiers martyrs. S'ils avaient tenté eux-mêmes de renverser
les statues et de violer les sépultures, non seulement ils auraient
couru les plus grands dangers (ce qui ne les effrayait nullement
puisque nous avons vu combien au contraire ils étaient heureux
d'affronter le martyre pour ensevelir les martyrs) mais ils auraient
exposé les cendres et les ossements des martyrs à de nouvelles
profanations.

Lorsque, sous le règne de Constantin, les persécutions cessèrent,
il semble que l'empereur et le pape Sylvestre, voyant que le sang
répandu par les martyrs et la présence des reliques des Saints
enterrés au Vatican avaient transformé en paradis terrestre ces
lieux jusqu'alors maudits comme une caverne de l'enfer, comprirent que ce serait manquer de respect envers cette terre, désormais sacrée, que de la priver des marbres et inscriptions qu'elle
renfermait. C'est pourquoi, quand la nouvelle église fut construite,
il ne fut pas touché à tout ce qui était ancien, bien qu'il y eût là
pas mal de vestiges du paganisme. On pensait qu'en foulant ce
sol, les pêcheurs enfermeraient ainsi sous leurs pieds tout ce qui
rappelait la puissance de l'enfer. De plus l'histoire nous apprend
que Constantin refusa toujours d'user de violence ou de lancer un
édit mais qu'il permit simplement que toutes les images ou tous les
souvenirs du paganisme fussent brisés, détruits ou ridiculisés de
manière à inspirer peu à peu du mépris pour tout ce qui touchait
à cette fausse religion. Nous ne devons donc pas être surpris d'ap-
prendre qu'on découvrit à une profondeur d'environ douze pieds
une statue représentant un païen à demi couché, comme les anciens, lorsqu'ils étaient à table, une main supportant la tête; l'autre
un vase ou une coupe. Le vêtement était celui d'un sénateur, et
les pieds étaient nus, suivant la coutume des Romains, qui allaient
du bain à la table. Le sommet de la tête était brisé, mais le reste
se trouvait intact. Cette statue parut sans grande valeur artistique,
aussi elle fut placée de côté avec divers morceaux de marbre trouvés dans la fondation. Un peu plus bas on trouva de vieilles tuiles,
recouvrant un corps de haute stature; il ne fut pas nécessaire d'y
toucher car on était arrivé à la fin des fouilles, la terre ferme ayant

été atteinte. On découvrit d'autres cercueils avec des sujets fabuleux ou profanes sculptés sur les côtés. On les laissa intacts. Cette terre était de même nature que celle de la première fondation. Les corps et les ossements qui avaient été exhumés furent remis à leur place, le 12 septembre 1626, toujours avec les mêmes cérémonies et la même solennité.

Quatrième fondation

Vis-à-vis de la troisième fondation, du côté de l'Évangile, on commença les travaux pour la quatrième fondation et afin d'atteindre l'endroit où ces fondements devaient s'asseoir, on découvrit l'autre côté du mur de l'ancien chœur mentionné plus haut. À peu près au niveau du sol on trouva un cercueil, construit avec de grandes et belles plaques de marbre et dépassant les dimensions ordinaires. Ce cercueil fut placé dans le même sens que ceux trouvés de l'autre côté, dans la circonférence dessinée par le chœur, de manière qu'ils étaient tous dirigés vers l'autel comme les rayons d'une roue vers son centre. On comprend que c'est avec raison que cet endroit a pu être appelé « le Conseil des Martyrs », nom donné, comme le *Martyrologe Romain* l'indique à la date du 23 juin, aux places où étaient ensevelis plusieurs martyrs. Ces corps entouraient S. Pierre exactement comme ils auraient pu le faire de leur vivant dans un synode ou concile, de telle manière que l'expression du *Martyrologe* semble bien s'appliquer à ce lieu de repos.

Cette tombe contenait deux corps enveloppés de bandages, de la même manière que les précédents. On pouvait distinguer leurs têtes et se rendre compte que leurs vêtements étaient amples et leur descendaient jusqu'aux pieds. Pour l'un, on pouvait juger de la forme du vêtement ouvert au-dessus des épaules ; pour tous les deux on se rendait encore compte du fin tissu des aubes ornées dans le bas, à environ deux doigts de leur extrémité, d'un dessin en forme d'arabesque. Les vêtements de dessous étaient grands et larges, ayant la forme de robes monastiques, de couleur sombre ou qui avait dû être noire. Tout était presque à l'état de poussière, sauf les cheveux qui étaient longs et pendants, et couleur châtain. Quelques ossements se trouvaient aussi renfermés dans une boîte séparée. Certains pensèrent que c'étaient là deux des premiers papes, grecs d'origine. On n'eut pas à remuer d'autres cercueils au cours de ces excavations, car rien ne vint plus déranger les travaux. Mais on découvrit, sous les cercueils déjà mis à jour, quelques fosses remplies d'ossements amoncelés ensemble, ainsi que quelques têtes fixées avec du plâtre et dont une dut être exhumée, ayant été endommagée par les ouvriers. De ce côté on creusa le sol seulement à ...... pieds, le terrain ayant été trouvé assez solide à cette profondeur pour y asseoir les fondations. On construisit près de là une tombe pour y placer les cendres, les ossements, la boîte et les cheveux que l'on avait découverts et, le 12 septembre, l'inhumation eut lieu, en même temps que celle des corps trouvés lors de la troisième excavation. Le pape fit don d'une caisse remplie de la terre provenant de ces fouilles aux Pères Théatins pour une nouvelle église qu'ils étaient en train de bâtir en l'honneur de S. Pierre. Il fit don aussi d'un peu de cette terre aux Carmes déchaussés, qui la reçurent comme une précieuse relique, appliquant à S. Pierre la parole de Prudentius au sujet de S. Laurent.

Reste à écrire l'histoire du monument à élever sur ces fondations ; c'est là une tâche qui demande un esprit plus brillant et une plume plus élégante.

L. D. B. V. M. DE SS. APÓSTOLIS.

Nous voudrions présenter quelques observations relativement à cet intéressant récit afin de bien préciser la valeur de ce témoignage. En 1626, 120 ans après la destruction de la vieille basilique, les traditions se rattachant à sa forme et aux dispositions exactes de ce qui environnait son autel étaient plutôt confuses, et il n'y a donc rien d'étonnant qu'Ubaldi et les autres qui l'accompagnaient n'aient pas toujours reconnu les murs ou autres travaux que l'on découvrait dans le cours des excavations.

Nous avons vu que, durant les travaux de la première et de la deuxième fondation, ils rencontrèrent un très ancien mur et qu'ils supposèrent (avec raison, bien qu'il leur fût impossible de s'assurer de la chose sans creuser plus avant, ce qu'ils ne voulurent pas faire par respect pour ces lieux privilégiés) que ce mur, tournant un peu plus loin à angle droit, se dirigeait vers l'autel. C'était là sans doute le même mur qui était marqué sur le plan de Drei et que nous avons déjà reconnu être le mur extérieur de l'ancienne *memoria* bâtie par S. Anaclet. Contre ce mur étaient placés des cercueils contenant des corps enveloppés de bandelettes suivant la mode juive et ainsi que cela a été décrit dans les chapitres précédents. Des cercueils semblables et placés de la même manière furent trouvés de l'autre côté et nous sommes ainsi amenés à con-

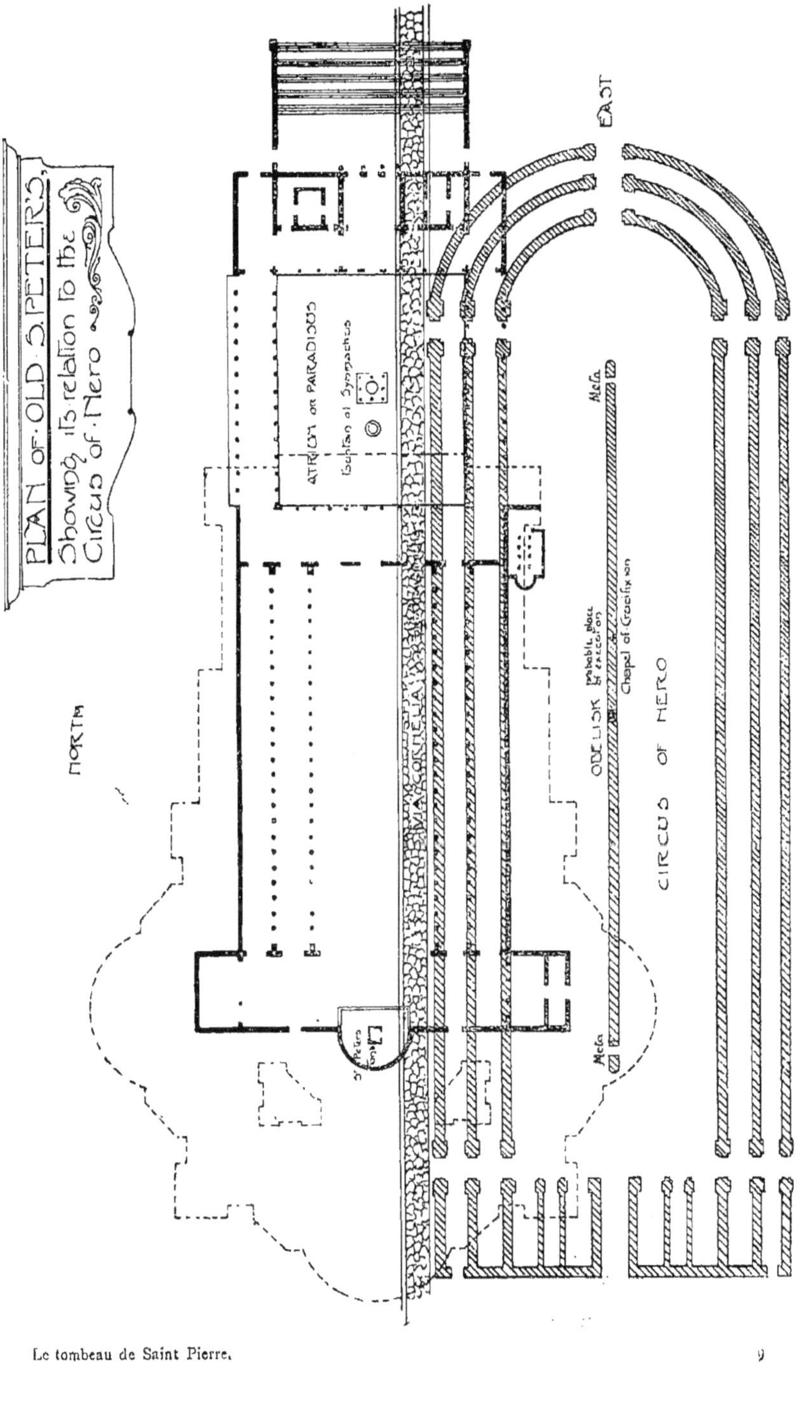

PLAN of OLD S.PETER'S.
Showing its relation to the
Circus of Nero

NORTH

EAST

ATRIUM or PARADISUS

Fountain of Symmachus

Tomb of S.Peter

OBELISK probable place of crucifixion

Chapel of Crucifixion

Meta

Meta

CIRCUS OF NERO

clure que S. Anaclet, lorsqu'il prépara les sépultures de ses successeurs en cet endroit, prit les dispositions pour que tous pussent être placés autour et auprès de la tombe centrale, qui était celle de S. Pierre.

Il est à remarquer que les traces de ce mur ne furent trouvées qu'au cours de la première et de la troisième fondation et non, comme nous l'aurions cru, au cours des deux autres. Cela donnerait à penser que le sarcophage de S. Pierre n'occupe pas le centre exact de la voûte, ainsi que nous avons été amenés à le croire d'après le passage du *Liber Pontificalis* qui nous donne la distance de cinq pieds dans chaque direction. Les « cinq pieds » doivent s'entendre non pas rigoureusement, mais approximativement, puisque la voûte n'avait pas été construite pour cet objet et il y aurait eu là une coïncidence étrange si la distance avait été réellement de cinq pieds. Il est très probable que le sarcophage fut placé à quelques pouces plus près du mur de fond afin de laisser un peu plus de place pour l'entrée. Et comme le *billicum* se trouvait sur le centre du sarcophage et non sur celui de la voûte et que les excavations étaient basées, comme nous le savons, sur les mesures prises du *billicum*, il est fort possible que le mur ait été découvert d'un côté tandis qu'il restait caché de l'autre côté, d'autant plus que, dans la pratique, cette différence de quelques pouces se doublait. Il est étrange qu'au cours de la troisième fondation on ait trouvé des traces d'ornement de stuc sur ce mur et qu'on ait supposé que c'était un petit temple ou une construction païenne et qu'on n'ait pas compris que c'était là l'ancienne *memoria* ; d'autant plus que c'est avec raison qu'on supposait qu'un peu plus loin ce mur se dirigeait vers l'autel, ce qui prouvait qu'il devait englober la tombe.

Le mur circulaire découvert dans les travaux de la troisième et de la quatrième fondation et qui avait excité à tel point l'intérêt de toutes les personnes présentes comme faisant partie du mur de l'autre chœur, était en réalité le mur intérieur du passage circulaire qui conduisait à la chapelle de la Confession, mais ce sont là des souvenirs qui se sont évanouis depuis que le passage a été ménagé en dehors de l'abside. A l'occasion de ce mur circulaire, les notes que nous avons transcrites font remarquer que sa position ne répond pas exactement à l'axe de la nouvelle basilique, ce qui prouve que celle-ci n'a pas été construite exactement avec la même orientation que l'ancienne église. Cette observation est parfaitement juste. En effet, si on examine le plan de Ciampiani *De Sacris Aedificiis* qui nous montre les deux basiliques, l'ancienne et la nouvelle superposées, on voit que les axes des deux monuments ne coïncident pas exactement, de même pour leurs portes centrales. Probablement, sur cent personnes qui ont vu ce plan, quatre-vingt dix-neuf supposent que c'est là une erreur de gravure ou d'impression. Ce n'est pas exact. Rappelons ici le fait, mentionné par Carlo Fontana [1], dans son ouvrage sur S. Pierre. Fontana prend la défense d'un de ses ancêtres du même nom, qui était architecte et qui fut chargé par Sixte-Quint des travaux à Saint-Pierre, à la fin du XVIe siècle, et qui est surtout connu pour l'œuvre importante qui consistait à enlever *La Guglia*, ou l'obélisque qui était placé au centre du cirque de Néron, et au pied duquel fut crucifié S. Pierre et à le replacer au centre de la grande place qui fait face à la basilique et où il est encore actuellement. Cet obélisque n'est pas exactement en face des grandes portes de l'église, mais à dix ou douze pieds de côté. On en a fait un grief à l'égard de l'architecte Dominico Fontana, bien que cette erreur soit insignifiante dans un monument aussi vaste et qu'il soit presque impossible de s'en rendre compte, même lorsqu'on est prévenu. Carlo Fontana, qui vivait environ un siècle plus tard que son aïeul et qui a écrit en 1694, affirme que le coupable est Maderno et non Dominico. L'obélisque fut déplacé en 1586, alors que la moitié de l'ancienne église de Saint-Pierre, celle du bas, était encore debout ; cet obélisque fut replacé par Fontana exactement en face de l'entrée centrale de l'*atrium*. Mais, en 1606, une fois l'ancienne église entièrement détruite, Maderno fut chargé de la reconstruction de la seconde moitié de la nouvelle basilique. Il accomplit ce travail, mais il prit si mal ses mesures que la nouvelle construction, au lieu de concorder avec l'ancienne, inclinait vers le Sud. On peut se rendre compte de l'erreur en examinant les murs et les piliers à l'endroit même où l'œuvre de Maderno vient se souder à celle de Michel-Ange. Les angles que la ligne de ces piliers forme avec le mur ne sont pas rigoureusement droits, mais quelque peu obtus, tandis que les angles opposés sont quelque peu aigus dans la même mesure. Les vastes proportions de Saint-Pierre rendent cette différence presque invisible et à la vérité, puisque nul des écrivains qui ont récemment donné des descriptions de ce monument ne paraissent se douter de ce détail, l'oubli s'est fait évidemment sur cette erreur d'architecture.

Un autre point demande quelques explications. Durant la première fondation, on se trouva en présence de certains travaux de

---

1. *De Templo Vaticano*, lib. V, cap. VIII.

drainage. Quelques-uns pensèrent que c'étaient les vestiges de l'œuvre de S. Damase, lorsqu'il alimenta le baptistère avec les eaux des sources qui coulent sur le Vatican, au-dessus de Saint-Pierre, et qu'il assura leur écoulement pour préserver la tombe de S. Pierre de tout danger d'inondation. Il fut cependant bientôt prouvé que les travaux de S. Damase, que rappelait une longue inscription, étaient beaucoup plus importants que ne l'auraient indiqué les vestiges découverts et qu'ils consistaient surtout à amener l'eau au baptistère. Ce que l'on avait découvert, c'étaient des travaux probablement plus anciens et destinés à protéger les tombes. Et certains ont pensé que ces travaux n'étaient d'aucune utilité pour la tombe de S. Pierre et que, vu leur niveau très bas, ils avaient été effectués en vue des tombes placées en dessous de celle de S. Pierre. C'est là probablement une erreur d'appréciation qui provient de ce qu'on n'a pas compris à quelle profondeur était le sommet de la voûte sous laquelle reposait S. Pierre. On se figurait sans doute une simple tombe sous l'autel sans s'imaginer que, entre l'autel et le parquet de la voûte dans laquelle était le sarcophage, il existait un espace de trente pieds au moins, puisque l'autel ne fut pas construit immédiatement sur la voûte, mais sur la *memoria* ou chambre supérieure qui reposait elle-même sur cette voûte. Donc il n'y avait pas lieu de supposer que ces travaux devaient avoir en vue des tombes placées au-dessous de celle de S. Pierre, d'autant plus que nous n'avons jamais entendu mentionner l'existence de ces tombes et que rien ne prouve cette existence. Ajoutons que ces vestiges furent trouvés là où nous pouvions les supposer, s'ils avaient en vue la tombe de l'Apôtre, qui, sans cela, aurait pu être inondée par les eaux de pluie, privées de moyens d'écoulement vers le Tibre.

Somme toute, nous voyons que les découvertes de 1626 confirment admirablement les conclusions que nous avons formulées sur la forme primitive de la tombe de S. Pierre. Quiconque a bien suivi les faits et arguments qui forment les chapitres précédents, aurait pu prédire à coup sûr les découvertes que devaient amener les fouilles des quatre fondations. Cela confirme pleinement nos théories concernant l'histoire du vénérable monument que nous étudions.

CHAPITRE VII.

ASPECT ACTUEL DE LA TOMBE.

Comme le grand baldaquin avait été édifié par Urbain VIII, aucune modification importante ne fut accomplie dans cette partie de la basilique qui avoisine immédiatement l'autel et la tombe; et les détails que nous avons transcrits dans le chapitre qui précède forment la conclusion des témoignages écrits que l'on peut invoquer. On se rappellera pourtant que, dans un chapitre précédent, nous avons dit que, certainement, des transformations marquantes avaient eu lieu pour la niche de la Confession et l'ancienne entrée de la chambre sépulcrale et que nous reviendrions sur ce point pour donner un état exact des lieux à notre époque. C'est seulement par l'examen de cet état actuel et par les preuves que nous fournissent les pierres elles-mêmes que nous pouvons arriver à notre but, car à part cela, rien ne nous a été transmis concernant les changements incontestables qui ont été faits et les circonstances dans lesquelles ils ont eu lieu.

Nous supposerons que nous nous trouvons à l'époque d'une grande fête à Saint-Pierre, ct, puisque en ces occasions les grandes portes de bronze qui ferment ordinairement la niche de la Confession sont toujours ouvertes, nous profiterons de cette facilité et nous examinerons les lieux qui nous intéressent. Nous franchissons les dix-sept marches d'escalier qu'il faut descendre, n'oubliant pas de nous dire pendant ce temps que ces marches proviennent de l'entablement en marbre qui couronnait les piliers de la nef de la vieille basilique; nous voilà sur le parquet de la Confession de Paul V, où se trouve la statue de Paul VI, un des chefs-d'œuvre de Canova. Nous sommes maintenant au niveau de la vieille basilique, mais non sur son parvis actuel, car toute cette partie a été repavée en marbre, lorsque la nouvelle Confession fut construite. Même en face de nous, sous le maître-autel, est la niche de la Confession que nous sommes venus visiter. Nous remarquons tout de suite qu'elle n'est pas sous le centre de l'autel, mais à une distance assez sensible, soit un pied ou dix-huit pouces à la gauche du centre que nous avons vis-à-vis de nous. En nous penchant pour jeter les yeux dans la niche, nous voyons qu'elle s'étend en arrière sur une distance de six à sept pieds et que les murs sont complètement couverts de mosaïques. Une particularité nous frappe, la courbe extraordinaire et irrégulière qui s'accuse dans la partie en arrière, où se trouve l'ancienne mosaïque représentant Notre-Seigneur. Ou, plutôt, ce n'est pas une courbe, mais la combinaison de deux courbes, la courbe qui est à notre droite plus accusée que celle de gauche. En considérant ce détail et celui que nous venons de signaler ci-dessus, que la niche n'est pas exactement sous le centre de l'autel, nous arrivons forcément à penser que la niche était jadis plus étendue qu'actuellement et qu'elle a été réduite par une construction faite du côté droit, mais que ces travaux ont été exécutés de manière à modifier aussi peu que possible l'état des lieux. Nous ne nous occuperons guère des parties latérales ; elles sont couvertes de mosaïques du temps d'Urbain VIII, soit des environs de 1630. Ces mosaïques représentent S. Pierre et S. Paul et elles remplaçaient des mosaïques très anciennes et similaires qui étaient là de temps immémorial ; il en fut fait mention pour la première fois sous Léon III, au VIII° siècle. Elles furent remplacées, ou au moins réparées par Innocent III au XII° siècle. Le plafond est semi-circulaire. Il est aussi couvert de mosaïques de l'époque d'Urbain VIII. Il ne présente pas les deux courbes qui existent à l'extrémité de la Confession ; et, par conséquent (ce n'est pas un détail sans importance), la forme qu'il a actuellement lui a été donnée à une époque postérieure à celle où a été réduite la grandeur primitive de la niche. Comment fixer cette dernière époque ? C'est difficile à préciser. Mais cependant on peut croire que la mosaïque représentant Notre-Seigneur, qui accuse le style du IX° siècle, a été mise à sa place actuelle, après le rétrécissement de la niche. Si donc cette mosaïque n'a pas été déplacée et remise en place à une date postérieure, il s'ensuit que c'est au IX° siècle que remonte cette modification de la niche.

Levons maintenant les yeux et examinons ce qui est au-dessus de la niche. Nous apercevons le grillage en bronze doré qui porte le nom d'Innocent III et l'inscription déjà citée [1], dans laquelle il demande que lui, qui a fait construire ce grillage, ait la grâce de partager la vie éternelle avec S. Pierre, lorsque « le Christ sera assis avec ses douze disciples ». Nous sommes tout de suite frappés par les dimensions de ce grillage qui a près de huit pieds de longueur, et environ seize pouces de largeur et qui, par conséquent, est beaucoup plus grand que ne l'exigeait la niche qui est au-dessous. Cela donne à penser qu'il était destiné, non pas à la niche,

1. Voir plus haut, page 87.

mais à l'autel ancien qui se trouvait au-dessus de la niche et qui
était à peu près à cette hauteur, car nous savons que l'autel actuel
a été relevé de quelques pieds au-dessus du niveau primitif.

Néanmoins le grillage concorde avec la forme actuelle de la
niche et comporte une pièce semi-circulaire qui s'adapte exactement à sa partie supérieure. Cela indique naturellement que la
niche a été rétrécie bien avant la construction du grillage dans le
XII⁰ siècle par Innocent III. Cela confirme les conclusions auxquelles nous avons été amenés en considérant l'âge apparent de
la mosaïque qui est en arrière de la niche : c'est-à-dire que le rétrécissement de la niche et la construction de sa partie septentrio-
nale remontent aux environs du IX⁰ siècle.

Dans quel but ce grillage a-t-il été placé là en principe ? Avait-
on en vue, à ce moment, la Confession placée au-dessous, ou
l'autel placé au-dessus ? On a souvent affirmé [1] qu'Innocent III
plaça de nouvelles portes près de la Confession et que ce grillage
est la partie supérieure de ces portes et que c'est tout ce qui en
reste. C'est une explication que l'on donne généralement, mais
dont nous pouvons démontrer l'inexactitude. Elle est catégorique-
ment démentie par la forme même de ces grilles qui sont beaucoup
plus longues que de besoin si elles avaient eu pour raison d'être
de fermer la Confession. En effet, si on cherche à reconstruire en
imagination ces portes supposées, on se rend immédiatement
compte que si elles avaient été proportionnées à ce grillage, elles
auraient eu une forme grotesque, les deux battants différents
comme grandeur, et présentant à l'endroit où elles devaient se
joindre pour se fermer une protubérance très disgracieuse nécessaire pour s'adapter au sommet circulaire de la Confession. D'ailleurs leur dessin n'est certainement pas celui qui aurait été adopté
au XII⁰ siècle pour une telle destination, car il est simple et d'une
sobriété qui confine à la laideur et nullement en concordance avec
une position de cette importance. Si nous savions positivement
qu'Innocent avait construit de nouvelles portes en cet endroit, nous
pourrions, contre toute probabilité, admettre que ces grilles en
faisaient partie ; mais, comme rien ne nous prouve qu'il ait jamais
fait accomplir ce genre de travail, et que cette opinion se fonde
seulement sur la présence du grillage en cet endroit et sur la nécessité d'expliquer de quelque manière sa présence, nous avons le
droit de rejeter cette hypothèse et de dire que, quel que soit le motif
qui a fait placer ce grillage en cet endroit, il ne forme en aucun

1. *E. G.*, par Mignanti et presque tous les écrivains qui l'ont précédé.

cas partie des portes destinées à fermer l'ouverture de la Confession.

Mais alors quelle était la destination de ce grillage? Il est loin d'être élégant; au contraire, il est d'une simplicité qui le rend vulgaire et il faut croire qu'il a été placé là dans un but d'utilité. S'il ne forme pas la partie d'une porte, il ne pouvait avoir qu'un autre but. C'était de protéger un objet quelconque placé derrière lui et qui aurait pu, sans cela, courir quelque danger. Si c'était là son but, ce but devait inspirer en même temps sa forme et sa simplicité. Sa forme devait s'adapter à l'objet qu'il devait protéger et sa grande simplicité s'expliquerait par ce fait qu'il était là, non comme ornement, mais comme moyen de protection. Et nous comprenons maintenant qu'il protège quelque chose, quelque objet embelli d'ornements en relief qui coïncide avec les dimensions et les formes du grillage. Est-ce là l'objet que le pape Innocent III a été si soucieux de conserver et que par le fait le grillage a si bien gardé qu'il est oublié et ignoré à cette heure? Qu'est-ce donc que cet objet qui, à une époque cependant fort peu respectueuse des souvenirs du passé, était jugé digne de telles mesures de préservation? Il fallait qu'il présentât un intérêt remarquable et une importance historique extraordinaire.

Nous avons déjà eu l'occasion de signaler bien des omissions inexplicables dans les détails qui intéressent l'histoire de Saint-Pierre, mais une des plus inexplicables est celle-là, c'est-à-dire que parmi tous les livres qui ont été écrits sur Saint-Pierre, quelques-uns spécialement consacrés à la Confession, aucun n'ait mentionné cet objet et ne nous en ait donné quelques détails; un seul, qui n'est guère qu'un simple guide, fait allusion à son existence. Et cependant c'est là un objet qu'il est impossible de ne pas apercevoir à travers le grillage; un objet évidemment ancien et intéressant; occupant, on peut le dire, la place d'honneur, immédiatement au-dessus de la Confession, le Saint des Saints, pouvons-nous dire, de Saint-Pierre. Et nulle mention n'en est faite dans les livres scientifiques qui prétendent nous décrire les lieux! Aucun des premiers pèlerins et des premiers écrivains antérieurs au XV⁰ siècle n'y fait allusion. Aucune trace dans Panvinio, Ugonio, ou Severano, ou chez leurs contemporains; Bonanni lui-même, et Sarti et Settele, si précis, l'ignorent. De notre temps, pas un seul mot dans les écrits de Mgr Duchesne, de de Rossi, Lanciani, Armellini, Marucchi ou de Muntz. Des pages entières ont été écrites sur le grillage qui est au devant; l'inscription existant sur ce grillage a été transcrite dans tous les livres; et cependant, bien qu'il soit impossible de jeter les yeux sur le grillage sans voir cet objet, nulle part on ne trouve un mot concernant ce trésor que le grillage a la mission de protéger et auquel doit forcément faire allusion l'inscription. Il existe, nous l'avons dit, une seule exception à ce silence général ; ce sont les quelques lignes que nous lisons dans un écrivain français, Mgr Barbier de Montault. Cet insignifiant petit livre, dans lequel, malgré la réputation qu'a su depuis acquérir son auteur, nous n'avons à y chercher des notions d'antiquité ou des détails historiques puisqu'il n'a qu'un but, indiquer exactement ce qui est à voir dans les églises dont il s'occupe. Et, en vérité, l'auteur n'essaie pas de nous expliquer ce qu'est cet objet ; il en fait simplement mention ; et la description qu'il donne de son état actuel est exacte. Nous allons citer cette description et la compléter quelque peu par les détails que nous avons pu recueillir nous-mêmes. Cela nous permettra d'être alors en meilleure condition pour discuter les questions qui pourront se poser : à savoir, qu'est-ce que cette intéressante relique actuelle, et comment en est-elle venue à l'origine à occuper une place aussi importante et aussi honorable ?

« Au-dessus de l'arche semi-circulaire que forme le sommet de la niche de la Confession, est une longue châsse en bois sur laquelle on aperçoit encore quelques vestiges d'ornements émaillés en bas-relief ; ces vestiges suffisent pour nous donner une idée de l'effet que devait produire l'œuvre complète. Elle consistait en une succession d'arches supportées par de petites colonnes ; aux écoinçons s'élevaient de petites tours terminées par un sommet conique. L'image du Christ occupait le centre, tandis que, sous chaque arche, était assis un apôtre. Cette châsse est protégée par une grille qui la recouvre [1]. »

Cette description est très brève et d'un caractère général, telle qu'on peut la demander à un petit guide de soixante-cinq centimes, dont le but est de permettre aux touristes d'apprécier les trésors de la crypte de Saint-Pierre. Telle qu'elle est, néanmois, il n'y a rien à dire sur son exactitude, et on ne peut éprouver qu'un regret, c'est que l'auteur n'ait pas plus longuement traité ce sujet, au moins dans ses grandes lignes. Par ailleurs, on ne peut que le louer d'avoir compris que le but de ce grillage est de protéger l'objet qu'il recouvre. De plus, comme nous allons le voir bientôt, il fait preuve d'une grande sagacité dans sa tentative de reconstruc-

---

1. Barbier de Montault, *Les souterrains et le trésor de Saint-Pierre*, Rome, 1866, p. 71.

tion, au moyen des quelques fragments qui subsistent encore, d'une œuvre aussi ancienne.

Si nous examinons cet ornement d'aussi près que nous le permet sa position derrière le grillage, nous verrons une longue pièce de bois, correspondant à la longueur de la grille, de couleur sombre, dont la surface unie porte encore les traces des ornements qui y figuraient. En effet, deux arches en métal s'y distinguent, l'une encore adhérente, l'autre à demi détachée, ainsi que deux colonnes qui, évidemment, séparaient les arches entre elles. Des traces d'émail figurent aussi sur ces colonnes et l'on comprend qu'elles ont dû être jadis richement décorées. Autour des arches on voit encore des vestiges d'un dessin indiqué par des étoiles légèrement tracées, et au milieu deux trous qui servaient à placer les rivets fixant ces ornements. Les arceaux étaient brisés en deux fragments. C'est là, sans doute, comme le suppose Mgr Barbier de Montault, qu'était la figure centrale, coupée par la courbe supérieure de la niche de la Confession qui se trouve au-dessous. La pièce de bois elle-même a été coupée en deux parties inégales par la niche et il semble même qu'elle ait été brisée à l'époque où ce travail a dû être accompli, car elle a été consolidée dans le haut par une baguette en bois longue de trois pouces et épaisse d'un pouce et demi, et dont la partie inférieure est taillée en biseau. Si la pièce de bois n'avait pas été brisée, cette baguette n'aurait nulle raison d'être. Cette baguette porte trois montures anciennes, destinées à des pierres précieuses, distantes chacune de trois quarts de pouce. Les pierres nécessaires elles-mêmes, si réellement ce sont des montures destinées à cet effet, ont disparu. Les extrémités de la pièce de bois étaient en principe carrées, mais elles ont été grossièrement arrondies par l'effet du temps, et aussi peut-être bien par les déprédations des pieux pèlerins désireux d'emporter quelque souvenir du tombeau. Derrière la pièce en bois, on entrevoit la pierre assez grossièrement travaillée. Le métal employé pour les ornements est de couleur jaunâtre, mais il est difficile, dans son état actuel, de dire si c'est de l'or ou de l'argent doré, ou simplement du bronze doré ; cependant son apparence indique ce dernier métal.

Ces détails nous montrent qu'il s'agit d'une œuvre très ancienne. La pièce de bois ne devait pas être visible au début, mais elle était complètement couverte de métal. C'était certainement un ornement très important, étant donné la place en évidence qu'il occupait, immédiatement sous le grand autel du côté de l'Est, faisant face au bas de l'église, et surmontant la Confession. D'après sa forme et sa position, nous avons lieu de croire, que c'était jadis la décoration qui masquait l'estrade ou *predella* en pierres grossières sur lesquelles était placé l'autel. Tout pèlerin visitant le monument, après avoir traversé l'église et l'espace compris entre les colonnes torses, aura cette grille en face de lui au niveau de sa vue, et, immédiatement au-dessous, l'entrée de la niche de la Confession qu'il est venu vénérer. Lorsque nous nous rappelons les splendeurs de l'ancienne église de Saint-Pierre et du tombeau, nous comprenons que c'était là une place qui ne convenait pas à un ouvrage de peu de valeur et de minime importance.

Nous pouvons aussi chercher à nous rendre compte de la date de cette œuvre, si minimes que soient les vestiges que nous pouvons encore interroger. Mais le fait qu'elle a été coupée et mutilée par le plafond circulaire de la niche prouve qu'elle était là avant que ce plafond fût établi et qu'elle n'est pas postérieure au IX° siècle. Elle est même probablement beaucoup plus ancienne ; car si elle n'avait pas été très ancienne et très vénérée, on ne l'aurait pas laissée en place quand il a fallu la mutiler ; on l'aurait enlevée pour la remplacer par un ornement mieux adapté au nouvel état des lieux. Il est donc utile de consulter la nomenclature des dons faits dans les temps primitifs à la Confession, afin de nous rendre compte si ce don y figure et si nous ne pouvons pas, en même temps, avoir quelques renseignements plus détaillés sur son apparence à cette époque. Nous chercherons ce renseignement soit dans le *Liber Pontificalis*, soit ailleurs et nous n'oublierons pas la supposition très fondée de Mgr Barbier de Montault, à savoir que cette œuvre a représenté en principe l'image du Christ assis au centre pour juger le genre humain, ayant autour de lui les douze Apôtres, six de chaque côté, chacun sous une arche.

C'est certainement là une description qui nous est familière. Nous savons qu'un ornement semblable et dont la description concorde exactement avec celle que nous venons de rapporter, a été offert à Saint-Pierre par un empereur et placé juste à cet endroit. Nous en avons fait mention dans un chapitre précédent, mais pour épargner au lecteur la peine de revenir en arrière, nous lui donnons à nouveau cet extrait. Vers l'année 435, « à la requête du pape Sixte III, l'empereur Valentinien donna une image en or, avec douze portes *(portas)* et douze Apôtres, ainsi que le Sauveur, ornée de pierres précieuses et il la plaça comme une offrande votive sur la Confession de S. Pierre. » La coïncidence est trop complète pour qu'il y ait lieu d'hésiter, et nous n'avons plus besoin de chercher pour découvrir l'origine de ce mystérieux ornement. C'est là le don fait à l'église par un empereur de la première moitié du V° siècle ; l'œuvre est délabrée et dilapidée, mais nous avons pu

la reconstituer. Elle fut placée à l'endroit où nous la voyons aujourd'hui, avant que S. Léon montât sur le trône pontifical et elle
y est restée depuis lors, entourée pendant les premiers siècles
de respect et de vénération, mais tout à fait oubliée depuis une
centaine d'années ; bien qu'elle soit très visible pour chaque pèlerin qui vient rendre visite *ad limina Apostolorum*, ils l'ignorent
et ceux-là même ne la reconnaissent pas qui ont consacré leur vie
à décrire Saint-Pierre et les trésors qui y sont renfermés.

Nous trouvons dans des documents anciens quelques détails sur
son histoire. Environ soixante ans après que ce don eut été fait,
une copie en argent semble avoir été placée par Symmachus dans
la même position que la Confession de S. Paul. Il est curieux de
voir combien les deux églises vont de pair. Maintes et maintes
fois nous voyons les détails qui concernent une d'elles se reproduire dans l'autre. A tel point qu'en lisant un livre publié sur
Saint-Pierre par un pape des premiers siècles, nous trouvons tout
naturel de rencontrer à chaque instant cette phrase : « *Idem fecit
beatum Paulum* ». Il fit la même chose à Saint-Paul !

Cet ornement était encore en place et intact au commencement du
IX° siècle, car, à cette époque, il en est fait mention dans une
lettre écrite par un pape à Charlemagne. Charlemagne avait paru
disposé à se ranger du côté des Iconoclastes et semblait hostile
à l'emploi des images, quelles qu'elles fussent, dans l'enceinte
d'une église, et Adrien Ier lui écrivit à ce sujet, lui rappelant que
son prédécesseur Valentinien, plus de quatre siècles et demi auparavant, avait offert des images à Saint-Pierre et il désigne très
clairement cette œuvre. « A la requête du pape, l'empereur Valentinien fit faire un ornement en or, enrichi de pierres précieuses,
représentant le Sauveur et douze portes et le fit placer, comme
une offrande votive, sur le corps de l'apôtre S. Pierre ; et depuis
ce jour-là jusqu'à maintenant, cette image a été vénérée par tous
les fidèles [1]. »

Depuis lors, nous n'avons pas de renseignements exacts sur
cette pièce, mais nous pouvons, grâce au document que nous venons de citer, préciser la date où il fallut la mutiler par suite de
la nécessité de donner au plafond de la niche de la Confession sa
forme circulaire actuelle. Nous avons déjà vu que l'examen de la
mosaïque placée en arrière, nous amenait à conclure que cette
modification n'avait pas eu lieu plus tard que le IX° siècle. Nous
pouvons la fixer maintenant à ce siècle, puisque, dans les premières

---

1 Hardouin, *Concilia*, IV, p. 812. Mansi, XIII, p. 891.

années du même siècle, le don de Valentinien était encore intact. C'est à ce moment-là que nous pouvons donc trouver l'occasion qui a donné lieu à ces mutilations.

N'oublions pas que, jusqu'à présent, c'est d'après l'examen des courbes existant à l'arrière de la niche de la Confession que nous avons supposé que le sommet de cette niche avait pu être en ligne droite dans l'origine. Cette supposition se trouve justifiée, car nous savons que l'image du Sauveur occupait jadis le centre de l'ornement que nous étudions et qu'elle a été détruite par suite de la nécessité d'arrondir le plafond. Si celui-ci avait toujours eu la forme arrondie, et s'il n'avait pas été en ligne droite, jamais cette image n'aurait trouvé sa place là.

Comme il n'y a plus rien à examiner au-dessus de la Confession, abaissons nos regards sur le sol de la niche. Nous y voyons le coffret en or, donné par le pape Benoît XIV, qui renferme les *pallia*. Le *pallium* est l'insigne spécial de la juridiction archiépiscopale. Il est envoyé à tout nouvel archevêque désigné « du corps de S. Pierre », c'est-à-dire de l'Apôtre auquel remonte le principe de toute juridiction ecclésiastique. Si l'on écarte le coffret, on remarque à la place qu'il occupe sur le sol, un parquet en mosaïque, évidemment fort peu ancien. En considérant l'insigne bien connu de la colombe portant un rameau d'olivier qui y figure, nous pouvons immédiatement lui assigner comme date le pontificat d'Innocent X, qui régna de 1644 à 1655. Le dessin du parquet est remarquable. C'est une grande croix grecque, entourée de rayons en bronze doré, surmontée de la tiare papale et flanquée des clefs de S. Pierre en mosaïque de marbre d'une admirable exécution. Dans l'angle supérieur du bras droit de la croix existe un petit trou de serrure ; et en effet cette partie du métal peut se relever et donne accès dans une petite ouverture qui se dirige en droite ligne vers la tombe.

C'est là évidemment ce qui représente aujourd'hui l'ancien *Billicum Confessionis* ; la « première cataract » ; la *fenestrella* ou petite fenêtre de S. Grégoire de Tours ; c'est par là qu'anciennement des mouchoirs ou autres objets étaient descendus sur la tombe et consacrés pour toujours par ce voisinage des ossements du grand Apôtre. Comme on le comprend bien, l'ouverture de cette petite porte est un événement bien rare et qui, généralement, ne se produit qu'à l'occasion de la visite d'un grand personnage. Cette porte fut ouverte en 1749, puis une autre fois à la fin du même siècle ; ensuite en 1845, à l'occasion de la visite du czar de Russie, et enfin il y a quelques années, afin de pouvoir exami-

ner soigneusement l'endroit et d'en prendre exactement note. Il
n'est pas probable que l'occasion d'examiner de nouveau ce point
se présente bientôt et nous nous contenterons donc des relations
qui en ont été faites et qui sont heureusement aussi minutieuses
que complètes.

Un compte-rendu de ce qui a été vu en 1749 se trouve dans
l'ouvrage de Sindone et Martinelli sur le *Vatican Basilica* publié
en 1750. Tous les deux étaient présents quand la petite porte fut
ouverte ; nous avons donc là le récit de deux témoins oculaires.
Le voici :

« Le 13 mai de l'année passée, 1749, la petite porte en bronze
fut ouverte et aussitôt dans le parquet de la niche de la Confession
on vit l'ouverture souterraine ou *fenestrella*. Sa forme est carrée.
Les matériaux qui la recouvrent sont surtout des plaques de bronze,
mais le bas est en marbre et porte des traces de fumée. Sur le
bord, s'avance un crochet de métal, solidement fixé dans le mur,
de telle sorte qu'on pourrait y suspendre sans crainte un poids
raisonnable. En dessus, on découvrit, avec l'aide d'une lampe, un
grand espace vide, entouré par un mur, qui, d'après l'opinion
d'un des ouvriers attachés à Saint-Pierre et qui était présent, serait
une œuvre très ancienne et d'une rare solidité. La hauteur de cet
espace a été reconnue pour être de cinq palmes et un sixième
(environ trois pieds six pouces), et l'on ne put pas atteindre à une
plus grande profondeur à cause d'un mur en matériaux solides
qui fermait l'ouverture [1]. »

Les auteurs continuent en citant le passage dont nous avons
déjà parlé, page 85 pour expliquer l'utilité du crochet et l'origine des traces de fumée.

Une description plus détaillée et plus exacte se trouve dans
un article intitulé *Le tombe Apostoliche di Roma*, publié dans
une revue périodique de Rome, en 1892, par le Père Grisar (S. J.),
qui était présent et procéda à un examen attentif lorsque la porte
fut ouverte pour la dernière fois en 1891. Voici son récit qui concorde, pour les points importants, avec celui de Sindone et Martinelli.

« Lorsque la petite porte fut ouverte, on put regarder en bas au
moyen d'une lampe fixée à une corde. Mais, pourtant, ce n'était
certes pas une tâche facile que de faire des observations, à cause
de l'exiguïté de l'ouverture qui ne permet pas d'y introduire la
tête et que l'on ne peut agrandir, car elle forme partie de l'em-

---

1. Sindone et Martinelli, *Della sacrosanta Basilica di S. Pietro.*

pierrement qui recouvre les murs actuels. La première chose à
noter est l'intérieur de cette petite cavité. Elle est carrée et couverte
de bronze. Cette cavité s'enfonce à une distance de treize pouces
et demi, ayant toujours les mêmes dimensions (c'est-à-dire environ
huit pouces et demi, sur six pouces et demi); là elle donne accès
dans une chambre qui a environ deux pieds de profondeur de
plus que l'ouverture elle-même. Et suivant la tradition, c'est sous
cette chambre que repose le corps de l'Apôtre.

« Le bas de cette chambre est couvert de pierres désagrégées et de
maçonnerie décrépite. J'ai pu la sonder jusqu'à une distance de
dix-neuf pouces, mais il m'a été impossible d'aller plus loin et
d'atteindre l'extrémité qui est évidemment plus éloignée. Les murs
sont de construction négligée et irrégulière... Du côté droit est
une projection de forme rectangulaire qui s'élève jusqu'au sommet
de la chambre.

« A l'endroit où l'ouverture pénètre dans la chambre est une grande dalle de marbre blanc, d'une épaisseur d'un peu plus d'un
pouce, qui forme comme le plafond de la chambre. J'ai pu me
rendre compte, au moins en partie, que cette dalle parvenait jusqu'aux murs latéraux, sauf du côté tourné vers l'abside de la
cathédrale et que de ce côté elle s'arrêtait court. On y voit encore
les traces régulières d'une ouverture carrée qui y avait été prati-
quée précédemment... L'observation la plus importante que j'ai
pu faire pour déterminer l'usage auquel cette plaque de marbre
avait pu servir, est qu'elle conserve encore dans un angle du côté
gauche de l'ouverture sa forme tranchante primitive. Les autres
côtés sont brisés et usés. Il semble que cette cavité n'avait d'autre
but que de servir à la conservation des reliques.

« Non seulement les côtés de cette plaque sont usés mais la
plaque elle-même est brisée en deux morceaux. La cassure se
dirige suivant un angle plus ou moins droit vers le devant ou la
partie Est de la tombe [1]. Du côté opposé, soit du côté de l'Ouest,
la plaque est intacte et conserve sa forme... Je n'ai pu découvrir
aucune inscription, ni même une simple trace de lettre sur la
plaque. »

C'est là la partie importante pour nous de la description du
Père Grisar. Les passages que nous avons omis s'inspirent généralement d'une fausse conception des rapports de cette plaque avec
la tombe qui est au-dessous et, par conséquent, ne nous intéressent

---

1. Le Père Grisar écrit : la partie Ouest. Mais il oublie qu'il parle d'une basilique
et qu'il a ses pointes de compas mal tournées.

Le tombeau de Saint Pierre.

LA DONATION DE CONSTANTIN.

pas. Le P. Grisar décrit la plaque de marbre qui recouvre la tombe de S. Paul et porte cette inscription, *Paulo Apostolo Martyri*, et estime que celle qui existe à Saint-Pierre correspond exactement à celle-là. Il oublie qu'à Saint-Pierre, il y avait deux « cataracts » tandis qu'à Saint-Paul il n'y en avait qu'une, ou du moins il élude la difficulté en donnant au mot cataracte un sens nouveau et inacceptable. Sans doute il peut exister à Saint-Pierre une plaque de marbre qui corresponde exactement à celle de Saint-Paul, mais si le fait est exact, nous n'avons pas connaissance de la chose, car cette plaque est cachée sous les décombres qui remplissent la chambre entre les deux « cataracts ». Nous pouvons trouver quelques détails de plus dans le dessin qui accompagne l'article du P. Grisar. Cependant nous éprouvons quelque hésitation à nous fier absolument aux illustrations de cet article, qui semblent avoir été composées pour l'auteur par un amateur de ses amis, car, sur deux points différents nous avons vu qu'elles ne correspondent pas avec les mesures indiquées dans le texte. Mais, en ce qui concerne le dessin actuel, n'ayant pas d'autres moyens de contrôle, nous sommes obligés de nous y fier. Nous voyons donc que la chambre dans laquelle conduit l'ouverture, et qui forme tout ce qui reste maintenant de la partie inférieure de la chambre supérieure ou *memoria* située sur la tombe, a seulement deux pieds ou deux pieds et six pouces carrés et que l'ouverture aboutit très près de son centre. Les murs semblent grossièrement bâtis, et ne sont pas même d'équerre, de telle sorte que cette chambre n'était nullement destinée à être vue, mais simplement à servir de communication entre les deux cataractes. Cette construction a été réduite aux plus petites dimensions suffisantes pour le but qu'elle doit remplir de manière à mieux servir de support au parquet de la niche qui est au-dessus, parquet dont faisait partie autrefois la plaque de marbre avec son trou carré. Un détail très important et que nous apprenons seulement par le dessin, car le P. Grisar n'y attire pas notre attention dans son article, c'est que cette petite chambre n'est pas exactement sous la niche telle qu'elle est actuellement, mais exactement sous son centre, comme nous avons supposé que cela était anciennement avant qu'elle fût bâtie du côté droit ; ce qui prouve que la construction qui est au-dessus ne fait pas partie de l'édifice primitif, mais a été exécutée plus tard. La plaque de marbre brisée que nous voyons aussi dans le dessin s'incline dans son centre et la projection dont il nous parle comme existant sur le côté droit semble avoir été introduite après la cassure pour donner un soutien de plus à un côté de la plaque.

Nous pouvons faire quelques conjectures au sujet de la hauteur probable des débris qui couvrent le bas de cette chambre et qui ont dû y être déversés d'en haut par l'ouverture du *billicum* ou « cataract » supérieure. Si nous prenons le bord le plus bas du grillage d'Innocent III comme niveau approximatif du plafond de l'ancienne *memoria*, et que nous mesurions quatorze pieds au-dessous, ce qui représente très probablement sa hauteur intérieure, nous nous rapprocherons autant qu'il est possible de le faire de la position du parquet sur lequel doit être située la seconde ou la plus basse « cataract ». Ce calcul, qui n'est évidemment qu'approximatif, semble indiquer qu'il faut pénétrer une profondeur d'au moins quatre ou cinq pieds de décombres avant d'arriver au parquet. Il n'est donc pas surprenant que le P. Grisar n'ait pas réussi à atteindre un sol ferme, puisqu'il n'a pu parvenir qu'à une profondeur de dix-huit à vingt pouces. Les trente pouces de maçonnerie solide qui surmontent l'ancienne plaque de marbre que pénètre ce que nous avons appelé la « petite ouverture » conduisant à cette chambre, proviennent probablement de ce qu'on a successivement relié le plancher de la niche à des pavages décoratifs, ce qui l'a relevé, nous le voyons tout de suite, à environ un pied au-dessus du niveau du parvis de l'ancienne basilique.

Nous avons complété l'examen de la Confession dans son état actuel et nous connaissons tout ce qui y a été fait depuis Constantin jusqu'à nos jours.

Ces modifications, remarquons-le, sont très légères et, d'une manière générale, le monument présente le même aspect qu'il a eu de tout temps. Nous sommes donc à même de juger combien se sont éloignés de la vérité, dans les conjectures et suppositions qu'ils ont émises sur ce sujet, plusieurs écrivains auxquels se sont cependant fiés des antiquaires aussi consciencieux que Bonani, de Rossi et Mgr Duchesne. Ces derniers citent avec plus ou moins de complaisance un auteur du XVIIe siècle, Michel Lonigo, qui a tenté de reconstruire l'ancienne Confession d'après les notes qu'il a trouvées éparses dans le *Liber Pontificalis*, les *Ordines Romani*, ou autres anciens livres, et qu'il a utilisées avec une rare malechance. Cela ne l'a pas empêché de faire jusqu'à ce jour bonne figure parmi ceux qui font autorité en la matière, et il est invoqué très volontiers, nous le répétons, par les archéologues les plus sérieux. Il a dû être un homme d'un grand savoir pour son époque et il tranche d'autorité chaque difficulté. Malheureusement, il semble qu'il ne lui est jamais venu à l'idée d'appuyer ses conclusions par une comparaison avec l'état actuel des lieux et,

comme il n'a jamais compris que, pour des raisons que nous avons
déjà expliquées, le mot Confession s'employait à Saint-Pierre en
parlant de deux endroits distincts, il a appliqué à un seul tout
les diverses notes qu'il avait recueillies et il a ainsi imaginé une
Confession qui n'a rien de commun avec la vraie. Son œuvre n'a
pas été publiée de son vivant, mais elle a été imprimée deux fois
depuis, par Bonani, dans sa seconde édition de 1700, et tout récemment dans une revue périodique de Florence [1]. Malheureusement, nous le répétons, il a passé pour une autorité et ses renseignements sont devenus pour ceux qui s'y sont fiés une abondante
source d'erreurs. Ainsi, par exemple, pour ne citer qu'un seul fait,
prenons la description de l'ancienne Confession que nous donne
Mignanti [2] dans l'histoire la plus complète et la plus détaillée de
la basilique du Vatican qui ait encore vu le jour. Chaque détail
est imaginaire ou n'existe qu'ailleurs. Il commence par décrire les
portes qui donnent accès dans l'espace compris entre les douze colonnes et continue ainsi : « Nous entrons ensuite dans un vestibule,
de grandeur proportionnée, où débouchait un escalier qui conduisait
au parquet situé en dessous et au milieu duquel courait une rampe
toute en argent. Ces escaliers avaient douze marches et au bas
existait une autre porte avec sa serrure et sa clef, le tout en métal
travaillé à jour. Cette porte fut complètement couverte d'or par
Adrien Ier et au-dessus figuraient plusieurs statues en or, représentant Notre-Seigneur Jésus-Christ, la Sainte Vierge Marie, et
les saints Apôtres, le tout faisant partie d'un don de ce même pape,
qui y consacra 1328 livres d'or... Cette porte donnait accès à une
pièce qui était exactement de mêmes dimensions que le chœur au-
dessus, et, peut-être, était meublée, comme celui-ci, d'un trône pontifical à son extrémité Ouest, et de sièges de chaque côté. C'est
d'ailleurs fort probable, car le nombreux clergé du Vatican y
prenait place lorsqu'il devait célébrer les *Vigiles* pour bénir les
saints *pallia* ou pour d'autres cérémonies. Et, lorsque le pape lui-
même avait célébré l'office divin dans la basilique, c'était son habitude, après avoir encensé les neuf autels de l'église, de descendre
avec toute sa suite, qui était considérable, et de prendre place
sur son trône, où il chantait *Matines*. Nous pouvons juger d'après
ce qui précède quelles devaient être les grandes dimensions de la
sainte Confession et, si cela ne suffisait pas, nous ajouterions que
c'est là que se sont tenus ces conciles où n'assistaient pas moins de

---

1. *Archivio dell' Ecclesiastico*, VII, p. 485 *seq.*
2. Mignanti, *Istoria della Basilica vaticana*, I, p. 177.

quatre-vingt-trois évêques, et que le pape Adrien et Charlemagne, accompagnés de leur nombreuse suite, y sont descendus facilement, chose qui eût été impossible si cette enceinte eût été étroite et resserrée.

« Elle était voûtée et son sommet dépassait le niveau de la basilique et atteignait le parquet du chœur. Son plafond était complètement recouvert de plaques d'or. Près du centre, s'élevait l'autel, immédiatement au-dessous de celui de la basilique qui le couvrait ; de même que l'autel supérieur, celui-ci était tourné du côté de l'Est, et orné de quatre colonnes torses, d'après Mallius. C'est de cet autel que parlent les écrivains ecclésiastiques lorsqu'ils citent l'autel de la tombe, ou l'autel de la Confession. Il n'était pas en pierres massives, comme l'avait ordonné S. Sylvestre, mais creux, comme la caisse ou coffre qui se trouvait à côté de lui, et complètement ouvert sur le devant. Cette ouverture était appelée la Confession de l'autel et, en dessous, il existait une autre ouverture ou cavité dans la partie centrale. Ces deux ouvertures avaient chacune une porte ; ces portes étaient au début en argent, et ensuite en or ; celle du dessous portait le nom spécial d'*umbilico*, ou centre de la Confession. En regardant à travers cette cavité, on pouvait apercevoir une autre pièce située encore plus bas et au centre, un grand monument en bronze. C'est là que reposaient, enfermés dans une caisse en argent surmontée d'une croix en or pesant 150 livres, les restes sacrés de S. Pierre, le prince des Apôtres.

Mignanti ne cite jamais ses auteurs, de crainte, nous dit-il dans sa préface, de faire mal à propos parade de sa science ; mais ceux qui ont lu les premiers chapitres de ce livre n'auront pas de peine à reconnaître les sources principales qui lui ont fourni les matériaux de cette description vraiment étonnante. C'est là une preuve frappante du danger qu'il y a à reconstituer les monuments du passé d'après les écrits des auteurs qui s'en sont occupés alors qu'on ignore les vestiges encore existants de ces monuments.

Il faut laisser de côté ces écarts d'imagination et revenir sur ce terrain plus solide que nous offrent nos études de l'état actuel des lieux, car il nous reste encore à trouver la solution d'une question très intéressante et très importante. Tous les changements qui ont été faits dans la niche de la Confession et que nous avons notés semblent indiquer une grande catastrophe survenue au IXe siècle. Pourquoi la niche a-t-elle été rétrécie ? Pourquoi son plafond a-t-il été arrondi, bien que cette modification dût entraîner la mutilation de son ornement si vénéré ? Pourquoi la plaque de marbre qui for-

mait son parquet a-t-elle été brisée ? Et enfin, à la même époque,
pourquoi a-t-on fermé l'accès à la tombe par la seconde cataracte,
en répandant une si grande quantité de décombres dans la chambre
qui est située au-dessus de cette tombe ? Nous avons lieu de croire
que tout cela s'est passé dans le IXe siècle. C'est là du moins la
date qui nous est suggérée par l'aspect du monument, bien que
nous ne puissions affirmer avec assurance l'exactitude de cette
date. Mais c'est précisément à cette époque que s'est passé l'événement dans lequel nous croyons trouver la solution des problèmes
que nous cherchons et cet événement c'est l'invasion des Sarrasins
en 846. Les premiers envahisseurs de Rome, les Goths et autres
Barbares du Nord, n'étaient pas païens, ils étaient ariens hérétiques et, bien qu'ils aient saccagé les autres églises de Rome, ils
avaient toujours fait preuve de respect et de vénération à l'égard
de Saint-Pierre. Les pillards qui leur succédèrent plus tard, ont
fait sans doute main basse sur les ornements en argent et autres
trésors du monument, mais n'ayant aucune haine contre la religion
catholique, ils se sont abstenus de tout outrage envers le tombeau
actuel du Prince des Apôtres. En 846, c'est autre chose, et pendant
une semaine entière, les basiliques de Saint-Pierre et de Saint-
Paul sont livrées aux infidèles dont nous avons déjà signalé l'œuvre de destruction. « Ils saccagèrent la basilique de Saint-Pierre, »
dit un chroniqueur contemporain, « et enlevèrent tous les ornements
du trésor qu'elle contenait et même l'autel élevé sur sa tombe [1]. »
Il paraît difficile qu'ils aient pu enlever l'autel actuel qui est en
pierre et n'a pas grande valeur, mais il est incontestable qu'ils en-
dommagèrent aussi bien l'autel que le tombeau qui était situé au-
dessous.

C'est la crainte d'une autre attaque de ce genre, attaque qui au-
rait pu être encore plus désastreuse dans ses résultats, qui inspira
l'érection du fort de Johannipolis autour de la basilique de Saint-
Paul, et la construction, par S. Léon IV, du mur qui enferme
Saint-Pierre et ses dépendances et qui donne encore le nom de
Cité Léonine à cette partie de Rome.

Cette attaque des Sarrasins ne prit pas tout à fait les Romains à
l'improviste et ils comprirent bien le danger que couraient les deux
grandes basiliques, sachant qu'elles se trouvaient en dehors des
murs de la ville et qu'il n'y avait pas moyen de les protéger. Une
lettre venant de Corse les prévenait de l'imminence du danger et
les conjurait « de mettre, si cela était possible, les corps des Apô-

---

1. Prudentius Trecensis, *Annales*, anno 846.

tres en sûreté dans les murs de la ville afin que cette race maudite
des païens ne pût pas se vanter d'avoir détruit ces précieuses reliques [1]. » Enlever ces reliques, ce n'était guère possible ; en tous
cas on ne le tenta pas, mais il est difficile d'admettre que rien ne
fut fait pour cacher les moyens qui permettaient d'avoir accès auprès de ces reliques. L'entrée de la chambre sépulcrale fut probablement fermée et dissimulée, ainsi que les « cataracts » à travers lesquelles on pouvait probablement apercevoir la croix de
Constantin et d'Hélène. A Saint-Paul, il n'y eut qu'à combler la
cavité avec du ciment et il semble bien que c'est le parti que l'on
prit, mais à Saint-Pierre l'existence d'un espace entre les deux
« cataracts » suggéra un autre expédient, c'est-à-dire donna l'idée de
jeter des décombres par l'ouverture supérieure et d'interdire par
le fait tout accès dans le bas, à moins de se livrer à un travail très
long et très pénible. Ayant ainsi mis les reliques en sûreté, les
fidèles cherchèrent l'abri des remparts, non sans emporter avec
eux, nous pouvons le croire, au moins la partie transportable des
trésors qui ornaient le monument.

Les Sarrasins remontèrent le Tibre, défirent sans peine les troupes qui avaient été envoyées contre eux, incendièrent et détrui-
rent les châteaux de Gaète et de Porto et, quand ils furent arrêtés
par les murs de Rome, ils eurent tout naturellement l'idée de mettre
au pillage les basiliques qui étaient sans défense. Comme le fait
remarquer Gibbon, s'ils laissèrent les murs debout « il faut l'attribuer à leur court séjour plutôt qu'à un scrupule inspiré par la
sainteté du lieu. »

Pendant huit jours environ, Saint-Pierre paraît avoir été saccagé,
mais ensuite arrivèrent des renforts qui défirent les Sarrasins et
ceux-ci s'enfuirent dans la direction de Civita-Vecchia.

En étudiant la Confession, nous pouvons facilement, quelque
peu aidés par l'imagination, nous représenter dans quel état les
Romains trouvèrent la basilique lorsqu'ils purent y retourner. Ce
n'était que confusion et destruction. Les Sarrasins, en quête de
trésors, ou même peut-être dans le but de trouver et de profaner
les reliques, avaient brisé l'autel. Les pierres qui en formaient le
seuil étaient fendues par le milieu, et, incapables maintenant de soutenir même leur propre poids, inclinaient dans la niche de la Confession. Les ornements d'or, donnés par Valentinien, étaient en
morceaux. La boiserie sur laquelle ils étaient montés était brisée
en deux, et la tête du Christ, qui occupait le centre, objet spécial

1. *Lib. Pont.*, II, 99.

L'INTÉRIEUR DE SAINT-PIERRE VERS 1640

de la fureur des infidèles, avait été irrémédiablement endommagée.
En dessous, l'or avait été arraché des murs de la niche et le marbre
du parquet avait été aussi brisé et mis en morceaux. Néanmoins,
quelque important qu'eût été le dommage, on aurait pu facilement
le craindre plus considérable ; les mesures prises pour préserver
les reliques avaient réussi et aucun effort n'avait été tenté pour
enlever les débris de pierres et les décombres de la chambre entre
les deux cataractes. Probablement les envahisseurs ne s'étaient pas
un instant doutés que les décombres leur cachaient quelque chose
de précieux et d'intéressant, pas plus que ne s'en doutent bien des
gens de notre époque.

On entreprit immédiatement les travaux de réparation. On mit
en œuvre tous les moyens dont l'on disposait pour réparer tous
ces désastres, et bientôt la seule différence à constater fut que l'argent avait remplacé l'or qui avait été enlevé. Mais, en ce qui concerne la Confession, il fallait considérer autre chose que la simple
restauration de sa magnificence perdue. En ce lieu saint, chaque
objet était consacré par son antiquité aussi bien que par le but
auquel il était destiné. Il valait encore mieux que le monument
parût mutilé pour toujours, que de changer inutilement de place
un seul fragment de ces objets sacrés. C'est le sentiment qui paraît
avoir guidé S. Léon et les citoyens de Rome. Toutes mutilées et
brisées qu'elles fussent, les pierres furent laissées en place. En
procédant aux réparations nécessaires pour donner un aspect dé-
cent au tombeau, on y fit le moins de changements possible. La
plaque de marbre brisée qui formait le parquet fut relevée et consolidée par une pierre brute qu'on plaça en-dessous. Cette pierre
elle-même s'appuyait sur les décombres, et n'ayant pas d'assise
ferme, elle a fléchi quelque peu, à la suite du temps, et le marbre
qu'elle soutenait s'est incliné légèrement au-dessous de la ligne
horizontale de son niveau. C'est alors que, comme ce marbre brisé
n'offrait plus un point d'appui solide, on l'a recouvert d'un nouveau parquet, percé, comme l'ancien, d'un trou carré dans le centre,
correspondant avec le *billicum* au-dessous et pourvu, comme précédemment, d'une petite porte pour en fermer l'entrée.

La fente de la pierre formant le pied de l'autel paraît s'être trouvée non pas tout à fait au centre, mais quelques pouces à gauche.
C'est pourquoi le côté gauche n'a pas fléchi, tandis qu'au contraire
la partie de droite s'est inclinée et a exigé un support. C'est là probablement la raison d'être de la maçonnerie construite du côté droit
de la niche, ce qui a eu pour conséquence de reporter le milieu de
son ouverture quelques pouces à gauche du centre de l'autel. Le

but que l'on avait en vue c'était de supporter la pierre fendue qui
était au-dessus et qui, à son tour, devait soutenir l'autel. Qu'un
expédient si disgracieux ait été ainsi adopté, cela dit éloquemment
le profond respect qui avait ainsi empêché d'enlever les matériaux
brisés pour les remplacer par des matériaux neufs. C'est le même
sentiment de respect qui a fait adopter l'étrange courbe de l'arrière de la niche de la Confession, la courbe primitive ayant été
maintenue bien qu'elle ne s'harmonisât plus avec l'espace réduit
qui l'enfermait. Les fractures de la pierre du dessus furent ensuite
dissimulées d'une manière bien simple. On la creusa d'abord de ma
nière à donner une forme demi-circulaire à toute la niche et ensuite
on la couvrit entièrement de mosaïques d'or. Ce qui restait de l'offrande votive de Valentinien fut aussi soigneusement réparé, bien
que l'image centrale n'existât plus. Le tout fut remis en place en
réunissant les deux portions au moyen d'une nouvelle pièce de bois
clouée au-dessus, tandis que les parties brisées étaient coupées et
exactement adaptées à la nouvelle ouverture demi-circulaire placée
derrière. Le travail fut alors complet, tout ce qui était possible ayant
été fait avec un soin religieux, et depuis lors jusqu'à nos jours,
en dépit des mille années écoulées, et des transformations extraordinaires de l'église qui entoure la Confession, on n'a fait autre
chose que procéder aux réparations indispensables ; c'est pourquoi
nous avons probablement devant nous la Confession de S. Pierre
exactement dans le même état où elle se trouvait quand sa restauration fut complétée par Léon IV au milieu du IXe siècle.

Dans toutes les conjectures que nous venons de faire, nous ne
pouvons invoquer aucun document. Ce sont là simplement les déductions que nous avons tirées de l'aspect actuel de la Confession,
et il est donc possible que nous n'ayons pas retracé d'une manière
rigoureusement exacte l'histoire de ce monument. Néanmoins notre récit donne une explication plausible et nullement improbable
de tous les différents détails de son arrangement, et c'est ce qui
n'eût pas été possible si nous ne nous étions pas sensiblement rapprochés de la vérité.

Il reste cependant à aborder une ou deux difficultés. Nous lisons
dans le *Liber Pontificalis* que, lorsque le pape Léon IV répara les
ravages des Sarrasins, il fit poser dans la Confession un ouvrage
qui paraît bien avoir eu pour destination de remplacer le don de
Valentinien mutilé par les infidèles. « C'est ainsi qu'il rendit à la
Confession du saint autel son éclat primitif et son éclat antérieur en
la décorant de plaques d'argent du plus magnifique travail, représentant le Sauveur assis sur un trône, avec des perles précieuses

sur Sa tête, ayant à Sa droite les chérubins et à Sa gauche les bustes des Apôtres et autres [1]. » On ne voit pas clairement où cet ornement a pu être placé, mais ce ne doit pas être exactement à la place de l'ancien, parce que le plafond arrondi de la Confession en aurait supprimé une partie. D'ailleurs nous avons vu que l'ancien avait été laissé à sa place. Il est possible qu'un nouveau palier fût nécessaire immédiatement au-dessus de celui qui avait été brisé et que celui-ci ait été à son tour décoré du même ornement. Nous pencherions à le croire puisque, au XVIIe siècle, il semble qu'il existait une ancienne image de Notre-Seigneur jointe à cette place. Mention en est faite par Torrigio dans son livre sur les cryptes de Saint-Pierre. « Innocent III fit un ornement dont nous avons déjà parlé et une grille en face de l'ouverture. On peut l'apercevoir encore de même qu'une petite image du Sauveur, avec une couronne royale sur sa tête, le tout en bronze. Le peuple a l'habitude actuellement, de baiser cette image avec dévotion. C'est là aussi qu'il y avait le symbole des quatre Évangélistes, l'Homme, le Bœuf, le Lion et l'Aigle, mais actuellement on ne peut plus voir que l'Aigle qui est en bronze. Anciennement ces symboles étaient baisés par les fidèles qui déclaraient par là devant le corps de S. Pierre qu'ils acceptaient tout ce qui avait été écrit par les quatre Évangélistes. Anastase y fait allusion lorsqu'il décrit la confirmation par Constantin de la donation faite par Pépin de la ville et autres lieux, sous le pontificat d'Etienne III. La copie de cet acte fut placée sur le corps de S. Pierre, car il dit : « Le plus chrétien des Rois des Francs fit écrire l'acte de donation par Eucherius et le plaça de ses propres mains sur le corps de S. Pierre, sous les Évangiles qui sont baisés en cet endroit [2]. » Sans doute Torrigio parle d'une image de bronze, tandis que celle placée par S. Léon IV était d'argent, mais l'argent, lorsqu'il est vieux et usé, est assez difficile à reconnaître, et Torrigio peut bien avoir fait une méprise. Les symboles des Évangélistes offrent aussi quelque difficulté. D'après ce qu'il dit il semble qu'ils étaient aussi en métal et qu'un d'eux existait encore à son époque. Sa citation est tirée du *Liber Pontificalis* [3], mais à l'époque d'Adrien Ier et non d'Etienne III, et il semble aussi que cela existait au moment de la visite de Charlemagne à Rome. Dans ce cas, c'étaient les *evangelia cum tabulis aureis cum gemmis pretiosis* [4] qui furent présentés à Saint-Pierre par Clovis en

1. Ed. Duchesne, II, 114.
2. *Le Sacre Grotte vaticane*, ed. 1635, p 462.
3. *Ibid.*, p. 408.
4. *Lib. Pont.*, I, 271.

523, et Mgr Duchesne fait erreur lorsqu'il considère ce don comme celui d'un livre des Évangiles liturgiques. Ces symboles ont peut-être été enlevés par les Sarrasins et ont été remplacés plus tard par ceux en bronze dont parle Torrigio, mais nous n'en avons aucune trace. Il est étrange également qu'on ne sache rien du sort de l'image du Sauveur et de l'aigle, qui paraissent avoir été encore à leur place sur la Confession à une date qui ne remonte pas au-delà de 1635.

CHAPITRE VIII.

PEUT-ON ENCORE PARVENIR A LA TOMBE.

Il nous reste maintenant à examiner une question importante, à savoir s'il y a encore des moyens de parvenir à la chambre sépulcrale dans laquelle se trouve le corps. Nous avons déjà traité cette question dans une certaine mesure dans un chapitre précédent, en émettant, comme on se le rappelle, cette idée que, suivant toute probabilité, l'ancienne entrée dans cette chambre fut conservée et utilisée dans la construction de la basilique de Constantin et que, par conséquent, la place la plus probable de la porte qui conduisait aux escaliers donnant accès à la tombe devait se trouver au commencement du passage demi-circulaire pratiqué sous la tribune du côté gauche ou côté Sud de l'autel et conduisant à la Chapelle de la Confession. Très heureusement cette partie de l'ancien passage est la seule qui soit restée intacte après les transformations du XVI° siècle ; tout le reste du passage a été comblé ou bien a servi à former les ailes qui donnent à la chapelle latérale sa forme actuelle de croix. Très heureusement, disons-nous, car la conservation de cette partie essentielle de l'ancien passage n'a pas été inspirée par une vague tradition plaçant à cet endroit l'entrée des escaliers menant à la tombe, mais bien par cette circonstance fortuite que c'est là que l'on avait respectueusement déposé les ossements enlevés du voisinage immédiat du tombeau de S. Pierre, dans une construction élevée dans ce but à l'extrémité du passage et appelée, d'après l'usage auquel il était destiné, *Polyandrium*, ou lieu de sépulture de plusieurs personnes. Ce travail date de 1545, comme le rappelle une inscription qui se lit encore sur le mur. Pour donner accès dans ce *Polyandrium* qui, évidemment, contenait les ossements de saints ou de martyrs, on réserva une petite partie du passage, tandis que le reste était comblé, et cette section, dans laquelle on entrait par l'ancienne porte qui fait communiquer le passage avec l'église, fut transformée un peu plus tard en une petite chapelle appelée, d'après un curieux bas-relief de Notre-Seigneur qui est sur l'autel, la Chapelle du Saint-Sauveur. Cette chapelle ne sert plus au culte et, comme elle ne contient aucune importante œuvre d'art, elle est rarement visitée, à tel point que même ceux qui connaissent bien la basilique et qui ont fait de fréquentes visites aux cryptes, ignorent, pour la plupart, son existence. L'entrée en est défendue par une porte en fer, fermée à clefs, et, à moins que les visiteurs n'en fassent la demande spéciale, les personnes chargées du soin de guider les étrangers ne la montrent jamais.

Pour nous, cependant, cette petite chapelle, outre la valeur artistique de sa décoration, offre un intérêt tout à fait particulier. Elle a une réelle importance historique, car nous savons que cette porte et ce passage ont vu défiler la longue procession des pèlerins illustres qui, pendant une période de plus de mille ans après la construction de la basilique, ont visité Rome et les tombes des Apôtres. Il n'y a pas, peut-être, un seul point, même à Rome, qui ait vu un plus brillant cortège. Mais tout cela est maintenant oublié, personne ne songe plus à ces gloires du passé ; personne ne songe plus que l'entrée dans la chapelle de la Confession fut jadis différente de ce qu'elle est aujourd'hui ; il ne vient probablement à l'idée de personne de demander comment a été construite cette gracieuse petite chapelle du Saint-Sauveur ou quel jour elle peut répandre sur tant de questions très difficiles et très débattues qui intéressent l'église. Mais, outre le point historique, cette chapelle offre un autre intérêt, car c'est là que réside le moyen, si ce moyen existe, de résoudre le problème qui se pose pour la tombe de S. Pierre ; c'est-à-dire de trouver s'il y a possibilité pour les pèlerins qui y seraient autorisés de descendre dans la chambre sépulcrale, de poser leurs mains sur le sarcophage où repose le corps, de voir de leurs yeux la croix d'or qui surmonte ce tombeau depuis l'époque si lointaine de Constantin et de sa mère Hélène. Car, si l'on veut jeter un coup d'œil sur le plan qui figure à la page ... et tirer en imagination une ligne droite partant du *billicium* de la Confession et coupant à angle droit l'axe de l'église, ligne droite qui représentera la direction que devait très probablement avoir l'ancien escalier, on verra tout de suite que c'est précisément dans cette petite chapelle du Saint-Sauveur que doivent se trouver les traces de cet escalier, s'il en reste encore quelqu'une à cette heure.

C'est dans cette idée que l'auteur du présent livre, accompagné par deux amis et muni d'une autorisation spéciale du Saint-Père lui-même lui permettant de faire toutes les recherches nécessaires, descendit dans les cryptes, un matin de février 1898, pour voir ce qu'il pourrait trouver. Il s'était déjà tracé un plan qui devait l'aider à se guider dans ses recherches, bien que tout naturellement il fût prêt à le modifier suivant les circonstances. Par exemple, il paraissait très probable que la fermeture de l'ancien escalier avait eu lieu

L'ÉGLISE DE SAINT-PIERRE VERS 1610.

Le tombeau de Saint Pierre.

11

en même temps que les divers changements détaillés dans le chapitre précédent, et que la cause avait été la même, l'attaque des Sarrasins en 846 et la nécessité de faire quelque chose pour préserver les reliques de toute profanation. Les seules données que l'on eût concordaient pour faire accepter cette théorie, car, d'un côté, la dernière occasion pour laquelle on paraît avoir visité le sépulcre est le voyage de Charlemagne à la fin du VIII° siècle ; et, d'un autre côté, ainsi que l'a remarqué de Rossi, il n'y avait aucun moyen d'accès connu au XII° siècle lorsque Mallius écrivit son livre sur la basilique et ses privilèges. Il n'aurait pas été muet sur ce point si la tombe actuelle avait été accessible au moment où il écrivait, car il aurait toujours saisi avec empressement chaque occasion de célébrer les gloires de son église comparée à celle plus récente de Saint-Jean de Latran.

Nous estimions donc que la cause qui avait fait fermer cet escalier, c'était le désir de le soustraire aux regards des Sarrasins afin de les priver de tout moyen d'accès à la tombe et nous comptions qu'il était complètement dissimulé et non pas simplement muré. Murer une porte n'aurait pas servi à grand'chose en de telles circonstances, car la vue d'une maçonnerie toute fraîche eût immédiatement trahi un passage tout récemment fermé et cette maçonnerie eût été tout de suite démolie. Il est plus probable qu'on employa là le même expédient, anciennement usité pour les Catacombes, lorsqu'il s'agissait de soustraire quelque tombe spéciale aux regards des persécuteurs romains ; c'est-à-dire la construction d'un mur masquant exactement l'entrée et dissimulant si bien la porte qu'il fût impossible de se douter qu'il en eût existé une. C'eût été là le meilleur moyen à employer, car nul autre qu'une personne au courant de l'histoire de la tombe ne se serait avisé de chercher à côté du monument l'entrée dans le caveau. De plus il eût été beaucoup plus difficile de reconnaître une maçonnerie récente, car là, comme dans les Catacombes, la lumière du jour ne pénétrait jamais et il fallait recourir à celle des lampes ou des torches.

Nous nous rendîmes donc à la chapelle du Saint-Sauveur avec le désir d'étudier toutes ces questions et avec l'espoir de découvrir quelques détails qui confirmeraient notre manière de voir ou nous suggéreraient quelque solution plus exacte. Notre espoir n'a pas été complètement déçu.

Nous remarquâmes d'abord que la *predella* de l'autel semblait avoir été bouleversée et qu'actuellement il y avait en face de l'autel une pièce de bois mobile en place de la pierre qui s'y trouvait jadis. Le prêtre qui nous servait de guide nous indiqua que c'était la con-

séquence de certaines fouilles faites en 1848, durant la période ré-
volutionnaire, lorsque le pape était à Gaëte. Autant qu'il est à notre
connaissance, il n'existe aucune relation soit du but qui motiva ces
fouilles, soit des résultats qu'elles ont pu donner. Si, comme cela
paraît probable, la direction des travaux a été du côté de l'Ouest,
on n'a guère pu trouver autre chose que la continuation du vieux
passage semi-circulaire. Dans tous les cas, il ne semble pas qu'on
ait abouti à grand'chose et les travaux furent arrêtés dès le retour
du pape.

Nous fîmes ensuite une découverte beaucoup plus importante.
Dans le mur qui est près de la tombe — ce mur que nous supposons
devoir masquer la porte menant à la chambre sépulcrale — a été
ménagé un enfoncement à peu près carré, une sorte d'armoire sans
porte, destinée à servir de *crédence* pour placer les burettes lorsqu'on célèbre la Messe à l'autel qui est près de là. Nous examinâ-
mes soigneusement cet enfoncement. Il a à peu près treize pouces
de long sur onze de largeur et huit pouces de profondeur, mais sa
forme n'est pas rigoureusement régulière de manière que les mesures exactes sont difficiles à donner. Le sommet suit une incli-
naison de l'ouverture au fond de ce retrait. Ces détails n'ont pas
grande importance, mais ce qui présentait le plus grand intérêt,
c'est que le mur du fond semblait de construction toute différente
de celle des murs de la chapelle, d'un travail plus grossier et plus
ancien. De plus, un de nos compagnons, après un examen attentif
des ornements en plâtre coloré dont le mur est couvert, nous dit
qu'il avait lieu de croire que ce mur intérieur avait subi un léger
fléchissement, qui ne se remarquait pas sur le mur du devant et que
ce fléchissement avait dû se produire à une époque postérieure à
l'exécution de ces travaux d'ornements en plâtre coloré soit dans
le courant des deux cent cinquante dernières années. Sur quelles
données appuyait-il son opinion, nous ne pouvons le préciser, mais,
comme il était architecte, il est très possible que son œil exercé ait
vu quelque chose là où nous-mêmes nous n'apercevions rien. Nous
remarquâmes aussi que le mur du fond n'était pas tout à fait parallèle au mur de la chapelle. La divergence était légère, et, au surplus, assez difficile à apprécier, vu l'inégalité que nous avons signalée, mais elle était cependant bien apparente et à peu près dans la
proportion d'un quinzième ou d'un quatorzième, la plus grande profondeur du retrait se trouvant à notre gauche tandis que nous étions
en face du mur. Tous ces détails nous paraissaient avoir une importance considérable et confirmaient absolument l'opinion que nous
avions avant de visiter les lieux. Suivant toute apparence il y a là

un mur dont le but est de masquer quelque chose ; nous avons pu mesurer son épaisseur, huit pouces et demi ; ce mur est bien distinct de l'autre et n'a pas de rapport avec celui-là ; de plus ils ne sont pas parallèles. De telle sorte que nous avons réussi au-delà de tout espoir à trouver la preuve de l'exactitude de nos théories.

Notre tâche était maintenant de chercher les traces de la porte que devait, nous en étions plus convaincus que jamais, masquer ce mur. Tout l'intérieur de la chapelle est enduit de plâtre avec des ornements en couleur, dont la valeur artistique est nulle ou à peu près. Comme nous n'avions pas l'autorisation de faire des fouilles, ce qui est le meilleur moyen d'investigation, il ne nous restait qu'à frapper le mur avec un maillet en bois et à observer attentivement les différences de son que nous pourrions ainsi constater. C'est ce que nous fîmes en commençant du côté droit, au-dessus du retrait déjà décrit, et du point le plus éloigné de l'autel. Le son produit de cette manière fut uniforme sur une distance de vingt-trois pouces, et indiqua une masse parfaitement solide, puis soudainement il changea et ce fut, sur un espace de vingt-huit pouces, un son tout différent et trahissant l'existence d'un espace creux en arrière. Puis, en rapprochant de l'autel, le son indiqua de nouveau la masse solide. Nos investigations nous permirent de juger que la partie creuse s'étendait en bas au-dessous du sol et s'élevait à une hauteur de cinq pieds trois pouces, la largeur étant uniformément de vingt-huit pouces. Nous recommençâmes nos expériences, toujours avec le même résultat, et la différence de son était si sensible que l'un de nous, tournant le dos au mur ou même sortant de la chapelle, pouvait immédiatement distinguer le moment où le maillet heurtait la partie creuse. Nous étions donc parfaitement sûrs que l'imagination ne jouait là aucun rôle.

Il faut remarquer aussi que la partie creuse que l'on devine correspond bien à la position où nous comptions trouver la porte, si cette porte existe actuellement. Si l'on a sous les yeux le plan qui figure à la page 122 et que l'on trace une ligne droite partant du *billicum* de la Confession et perpendiculaire à l'axe de l'église, cette ligne rencontrera le mur de la chapelle du Saint-Sauveur à une distance de quatre palmes et demie du mur du fond de la chapelle. Comme le *billicum* marque le centre de la tombe, cette ligne nous donnerait le milieu de la porte si l'entrée occupait sa place naturelle, c'est-à-dire si elle était en face du milieu du sarcophage. Quatre palmes et demie égalent à peu près trente-sept pouces, puisque la palme représente un peu plus de huit pouces. L'endroit où le mur latéral commençait à sonner creux était, on se le rappelle, à une

-distance de vingt-trois pouces du mur du fond, auxquels il faut ajouter quatorze pouces, soit en tout trente-sept pouces, ce qui nous
donne le point central. C'est-à-dire que l'expérience faite au moyen
du son obtenu nous signale la partie creuse, à un pouce à peu près,
à l'endroit même où nous l'aurions cherchée à priori, coïncidence
suffisante pour prouver une fois de plus l'exactitude de notre hypothèse. D'un autre côté, la hauteur de la partie creuse au-dessus du
sol dépasse de beaucoup nos suppositions, car le niveau du plancher a été relevé de quelques pieds. Mais là nous sommes obligés
de nous arrêter. Pour être fixé d'une manière exacte, il faudrait ou
mettre à bas le mur du côté Nord de la chapelle, ou au moins faire
des fouilles dans le sol de manière à pouvoir examiner la partie de
ce mur qui est au-dessous du parquet actuel, à l'endroit où probablement il n'est pas couvert de décombres et invisible comme celui
qui est au-dessus. Actuellement le niveau de la chapelle est beaucoup plus haut qu'anciennement et on pourrait très bien faire des
fouilles sans endommager aucun ornement. L'ancien parquet est probablement intact au-dessous et n'est pas sans doute comblé par des
décombres comme l'a été la partie supérieure il y a deux cents ans.
Le genre de maçonnerie dira tout de suite si ce mur faisait partie
de l'église de Constantin ou s'il n'est, comme nous le croyons,
qu'un mur destiné à masquer l'entrée et ayant seulement neuf pouces d'épaisseur. Si on reconnaît là un travail du IXe siècle, une
construction légère de neuf pouces d'épaisseur, n'ayant aucun poids
à supporter, alors il sera certain que la théorie que nous avons
émise est exacte. Dans ce cas il sera facile de percer ce mur à
quelque endroit, au-dessous du présent niveau de la chapelle, et si
réellement on trouve derrière un espace libre on aura retrouvé l'entrée du caveau où repose S. Pierre, et il suffira d'agrandir l'ouverture pour permettre aux pèlerins d'atteindre l'escalier et de visiter
cette tombe que nul œil humain n'a pu contempler depuis plus de
mille ans. Si, au contraire, on ne découvre rien de pareil, s'il est
prouvé que le son qui indique un endroit creux provient d'une autre
cause, et qu'il n'y a jamais eu de porte là, il sera facile de combler
l'excavation creusée et d'égaliser le sol, de manière à ce qu'il ne
reste pas trace de ces investigations. Il semble que ce n'est pas se
faire illusion que d'espérer que ceux qui ont la mission de garder
l'église et le tombeau accompliront avant peu ce travail si simple,
d'autant plus qu'on peut l'entreprendre très tranquillement et à l'insu
des visiteurs, de manière à ne pas éveiller l'attention et la curiosité.

Tous les faits que nous venons d'établir seront sans doute suffisants pour convaincre le lecteur que, s'il existe une voie pour par-

venir au caveau, c'est celle que nous avons indiquée. Quelques-uns
cependant penseront, peut-être, qu'il n'y a pas de preuves suffisantes que cette voie ait jamais existé et croiront que depuis l'époque de
Constantin tout accès au caveau actuel a été fermé et que depuis
lors personne n'a pu ni ne pourra y pénétrer. Ils se baseront sur
cette opinion fort discutable que l'expression *ad corpus*, fréquemment usitée dans les documents anciens, indique soit la niche de la
Confession, soit la chapelle de la crypte ; que c'est toujours dans un
de ces deux sens qu'il faut interpréter ces mots et que c'est la signification qu'il faut donner aussi aux passages de S. Grégoire de
Tours et du *Liber Pontificalis* que nous avons cités et qui se rapportent à la visite de Charlemagne. A cela nous répondrons, d'abord,
que les passages qui désignent par les mots *ad corpus* la niche de
la Confession ne prouvent rien à l'encontre de notre thèse, puisque
nous avons démontré que la niche est exactement au-dessus du corps.
Puis, l'emploi des mots *ad corpus* pour indiquer la chapelle de la
Confession est limité à une courte période des XI° et XII° siècles
et cela prouve seulement qu'au moment où le caveau actuel n'était
plus visible, on employait ce terme en l'appliquant à la chapelle de
la Confession qui devenait alors le point le plus rapproché du corps.
Nous invoquerons d'ailleurs un autre argument pour établir qu'a-
près Constantin et probablement au moins jusqu'au commencement du IX° siècle, il y a certainement eu des moyens d'accès au
sarcophage actuel même. Cet argument se tire de l'existence et de
la vénération dans l'Eglise catholique des reliques *ex ossibus Apostolorum*, fragments des os de S. Pierre, comme de S. Paul. Il
existe de ces reliques en plusieurs endroits ; les plus fameuses naturellement sont celles bien connues des têtes des deux Apôtres qui
sont conservées sur l'autel papal de l'église de Saint-Jean de Latran.
S'il était vrai que Constantin scella définitivement le tombeau et
qu'il en ferma l'accès, il s'en suivrait naturellement ou bien que ces
reliques ont été enlevées du sarcophage avant qu'il fût ainsi devenu
inaccessible, ou bien, hypothèse qu'aucun catholique ne voudra
admettre un seul moment, que toutes ces reliques sont fausses,
simples inventions frauduleuses ou autres, léguées par les siècles
précédents.

Nous pouvons cependant prouver que ces reliques n'ont pas été
extraites avant l'époque de Constantin ou longtemps après. La
preuve est dans ce simple fait très connu: c'est que l'Eglise d'Occident n'a admis que très tard la coutume d'enlever et d'emporter
ainsi les ossements des martyrs et des saints. Il n'est pas nécessaire de citer beaucoup d'autorités pour établir ce point, attendu

que la lettre de S. Grégoire le Grand à l'impératrice de Constantinople, que nous avons déjà eu l'occasion de citer plusieurs fois,
est amplement suffisante pour trancher la question [1]. On se rappelle que l'impératrice avait fait une requête spéciale par laquelle
elle demandait la tête de S. Paul ou au moins une relique importante de son corps, destinée à la nouvelle église qu'elle venait d'édifier à Constantinople en l'honneur de cet Apôtre. S. Grégoire ne
répond pas que la tombe n'est plus accessible ou que la provision
de reliques prises du temps de Constantin est épuisée. Au contraire,
tous ses arguments indiquent que la tombe est accessible et que,
s'il le voulait, il pourrait parfaitement se procurer des reliques. Et
n'oublions pas que tout ce qu'il dit de S. Paul est applicable également à S. Pierre, car il est reconnu que Constantin a procédé
exactement de la même manière pour les deux tombes. Donc, si le
sarcophage de S. Paul était accessible du temps de S. Grégoire,
celui de S. Pierre l'était aussi. L'argument de S. Grégoire est qu'il
n'ose pas ouvrir la tombe « parce que c'est un endroit où l'on ne
peut même pas aller prier sans éprouver une crainte respectueuse ».
Il continue en racontant diverses calamités qui ont accompagné l'ap-
proche trop immédiate des reliques de ces saints et aussi de celles
de S. Laurent. Il ajoute que tout ce qu'il peut faire c'est d'envoyer
un mouchoir qui a été descendu pour toucher la tombe, et qu'elle
devra le traiter avec le même respect qu'elle aurait témoigné au
corps même, car il possède le même pouvoir miraculeux. Il termine
ainsi : « A Rome et dans l'Ouest, on considère comme un abomi-
nable sacrilège de toucher le corps des saints, et si quelqu'un osait
le faire, sa témérité ne serait certainement pas longtemps impunie.
C'est pourquoi nous éprouvons un étonnement inexprimable lorsque
nous entendons affirmer que c'est la coutume parmi les Grecs d'enlever ainsi les ossements des saints. » Il dit aussi que le *sudarium*
ou mouchoir, avec lequel furent bandés les yeux de S. Paul lorsqu'il eut la tête tranchée, était dans sa tombe avec le corps ; cependant il ne fait aucune mention spéciale de la tête que demandait
l'impératrice, toute la lettre donne à entendre qu'elle n'était pas à
Latran mais à Saint-Paul avec le corps. Il est bien certain que
S. Grégoire n'aurait jamais écrit en ces termes à l'impératrice s'il
avait été de notoriété publique à Rome que le pape avait en sa possession les reliques qu'elle désirait.

Cependant, au VIIIe ou au IXe siècle, les idées se modifièrent à
ce sujet à Rome. On cessa de frémir à l'idée de toucher le corps

---

1. Greg. Mogn., Ep. IV, n. 30, *ad Constaninam*, éd. Ewald, p. 264.

d'un saint pour en distraire une partie et l'offrir ailleurs à la vénération des fidèles, mais, au contraire, on crut que c'était un grand
honneur fait au saint. La raison de ce changement dans la manière
de voir est probablement la nécessité qui s'imposa à cette époque
de transférer presque tous les corps des martyrs des dangereuses
solitudes des Catacombes à un lieu sûr dans l'enceinte de Rome.
Pendant le premier siècle qui suivit, les Catacombes continuèrent à
servir de lieu de sépulture, et à être visitées avec beaucoup de dévotion comme contenant les tombeaux de tant de martyrs. Les églises
de Sainte-Agnès, de Saint-Laurent et plusieurs autres nous restent
comme un témoignage vivant de la grande appréhension à transporter les reliques des Saints qui distinguaient les chrétiens de ces
siècles primitifs. Ces églises ne sont pas bâties sur les cimetières,
mais à une grande profondeur du sol, de telle sorte que, sans transporter ni remuer les reliques, on a pu utiliser la tombe du Saint
pour en faire le grand autel. Des milliers de tombeaux ont dû être
détruits pour en honorer un seul. A Sainte-Agnès, il est facile de
s'en rendre compte et chacun peut se rappeler la longue suite des
degrés d'escalier qui descendent à l'église, mais à Saint-Laurent
l'excavation a été faite sur le penchant d'une colline qui, depuis,
a été rasée tout autour de l'église de telle manière qu'il n'y a plus
à descendre. Les inscriptions de Damase, dont plusieurs sont intac-
tes et occupent leurs places primitives, nous indiquent aussi quelle
était la dévotion des Romains et des pèlerins à l'égard de ces saints
lieux pendant le IV⁰ siècle, époque de la plus grande gloire des
Catacombes de Rome. C'est au V⁰ siècle que les choses changèrent
d'aspect avec la terrible invasion d'Alaric et des Huns en 410, alors
que, comme le dit S. Jérôme : « la destruction d'une seule ville
entraîna la ruine de l'univers [1]. » Les Catacombes subirent le sort
commun et furent saccagées, peut-être plus gravement que lors des
invasions de Totila et des Goths. Les Barbares trouvant à leur merci
les cimetières qui étaient naturellement tout à fait en dehors des
murs de la ville, pillèrent tout ce qui présentait quelque valeur, brisant les tombes des martyrs et en détruisant même plusieurs, spécialement celles qui se trouvaient sur la voie Salaria, où le dommage semble avoir été plus grave que partout ailleurs. Nous en
avons pour preuves les inscriptions de l'époque, rappelant les res-
taurations qui furent entreprises par Vigile, le Damase de l'époque. Voici, comme exemple, l'inscription qui figure dans un des
cimetières de la Via Salaria :

1. S. Jérôme, Proleg. in lib. 1 Ezechiel, V, 14.

> HIC FUROR HOSTILIS TEMPLUM VIOLAVIT INIQUUS
> CUM PREMERET VALLO MAENIA SEPTA GETES [1].

Après 410, les Catacombes ne reçurent plus aucune sepulture
mais elles demeurèrent accessibles et furent visitées par tous les
pèlerins. A vrai dire, après les travaux de réparation entrepris par
Vigile, elles parurent avoir recouvré leur antique splendeur par
une inscription, qui se représente plus d'une fois, indique même
qu'en certains cas les monuments étaient plus riches qu'auparavant,
de telle manière qu'il y avait lieu de se réjouir du dommage subi
à cause de l'embellissement qui en avait été la conséquence, quelque
chose comme le fameux *O felix culpa* de S. Thomas d'Aquin :

> PLANGE TUUM GENS SAEVA NEFAS, PERIERE FURORES
> CREVIT IN HIS TEMPLIS PER TUA DAMNA DECUS [2].

Les Barbares, tout en pillant les monuments, et en brisant les
marbres et inscriptions, ne semblent pas avoir violé les tombes, et
Rome possédait encore sa « couronne de martyrs » autour d'elle,
pour emprunter la pittoresque expression de S. Jérôme. Les pèlerins de la première moitié du VIIIe siècle visitaient encore les cimetières et copiaient les inscriptions sur les lieux. C'est alors que survint une calamité plus terrible : les Lombards, dont l'invasion eut
lieu en 755, n'hésitèrent pas à ouvrir les tombeaux et même à emporter avec eux en retournant à Pavie les corps des saints. Ces horreurs firent voir aux pontifes l'urgence qu'il y avait à prendre de
plus grandes précautions et c'est l'année suivante, en 757, qu'eurent
lieu les premières translations de corps des saints. Paul Ier (757-768)
était alors pape et venait de construire l'église de *San Silvestro
cata Pauli*, la même qui est devenue, après bien des vicissitudes,
l'église nationale de la colonie anglaise de Rome, et qui est connue
sous le nom de *San Silvestro in capite*. C'est là que furent transportées les reliques des premiers martyrs enlevées aux Catacombes, et
le fait fut gravé sur une plaque de marbre qui est encore dans le
cortile de la façade de l'église. Pendant longtemps le côté droit de
cette plaque a manqué, mais on l'a retrouvé récemment au cours de
quelques réparations auxquelles il fallut procéder, en sorte que
nous avons actuellement la liste complète et authentique des saints

1. Gruter, 1170, 13. Voir Armellini, *Cim. Ant. Cr.*, pp. 129-30.
2. *Ibid.*, 1171, 18.

dont les corps furent transportés à cette époque. Elle ne comprend pas moins de huit papes, Sylvestre, Etienne, Anthère, Melchiade, Lucius, Caïus, Zéphyrin et Denys ; le plus intéressant parmi les autres martyrs étant S. Tarcise, l'enfant martyr du Saint-Sacrement, dont la mort est si magnifiquement racontée dans le livre du cardinal Wiseman, *Fabiola*, et qui a inspiré à S. Damase son épitaphe qui est une des plus éloquentes preuves de la croyance, au IVᵉ siècle, en la Présence réelle et en la Transsubstantiation telle que nous la conservons :

> TARCISIUM SANCTUM CHRISTI SACRAMENTA GERENTEM
> CUM MALE SANA MANUS PETERET VULGARE PROFANIS
> IPSE ANIMAM POTIUS VOLUIT DIMITTERE COESUS
> PRODERE QUAM CANIBUS RABIDIS COELESTIA MEMBRA [1].

« Il préféra donner sa vie plutôt que de laisser déchirer les membres du Christ par des chiens dévorants. »

Cette coutume d'enlever les corps des saints se perpétua sous les papes suivants bien qu'Adrien Iᵉʳ (772-795) fît encore un dernier effort pour préserver les Catacombes comme elles l'étaient anciennement. Pascal Iᵉʳ (817-822) ne se contenta pas de transporter les restes de Stᵉ Cécile et d'autres saints dans des églises particulières, il enleva en outre d'un seul coup 2300 corps de martyrs et les plaça dans l'église de Sainte-Praxède ; et, un peu plus tard, S. Léon IV fit de même pour presque tous les corps qui restaient en dehors de Rome et qu'il plaça à *San Martino a Monti*.

Il existe, dans la partie des cryptes de Saint-Pierre connue sous le nom des *Grotte vecchie* et près de la porte qui donne accès dans cette portion des cryptes, en venant de l'escalier du pilier de Sainte-Véronique, une ancienne plaque en marbre portant une inscription mutilée du VIIIᵉ siècle. Cette inscription mentionne le dépôt de certaines reliques de saints dans la vieille basilique et le côté intéressant est que la liste des noms coïncide exactement avec celle qui figure sur le marbre de Saint-Sylvestre. Evidemment lorsque Paul Iᵉʳ entreprit la translation de ces saints, il mit à part de petites fractions de chaque corps et les fit transporter à Saint-Pierre. Cela semble nous indiquer définitivement la période où s'établit la coutume à Rome de prendre les reliques des Saints, coutume qui, ainsi que nous l'avons vu, était inconnue et même réprouvée cent cinquante ans plus tôt. Nous ne pouvons pas fixer la date d'une ma-

---

1. Carmen, XVIII.

nière exacte, mais il y a certainement de grandes probabilités pour
supposer que les tombes de S. Pierre et de S. Paul furent aussi
ouvertes et qu'on enleva des fragments de leurs os, sous l'un des
papes qui vivaient entre l'époque de Paul Ier et de S. Léon III,
c'est-à-dire un peu après le milieu du VIIIe siècle mais avant la
fermeture définitive des tombes à l'occasion de l'invasion des Sarrasins en 846.

Cette supposition concorde bien avec les quelques autres faits
que nous connaissons à ce sujet. Les têtes de S. Pierre et S. Paul
transportées à Saint-Jean de Latran furent certainement placées
dans la chapelle de Saint-Laurent connue sous le nom de Saint
des Saints, à une période bien antérieure à 1227, époque à laquelle
elles furent trouvées fixées dans une cavité du mur faite spécialement
dans ce but. On peut bien supposer que c'est au VIIIe ou au IXe
siècle que cela fut fait.

Dès le XIIe siècle et probablement bien avant existait dans la
basilique un autel, situé à main droite du grand autel, dédié à
S. Pierre et à S. Paul et populairement connu sous le nom d'autel
De Ossibus. Il est mentionné par Mallius [1] dans son histoire de la
basilique et aussi par Alfarano [2]. Il semble qu'il était déjà ancien
même au XIIe siècle, car Romanus, dans ses additions aux œuvres
de Mallius, dit que « là Silvestro divisa les os des Apôtres », légende
qui n'aurait certainement pas été attachée à cet autel s'il avait été
connu pour être de récente date. Il paraît très probable que cet autel
a été élevé au IXe siècle pour recevoir les reliques des Apôtres,
récemment enlevées de leurs tombes respectives. En tous cas il est
utile d'examiner l'histoire de la division des os des Apôtres à laquelle nous venons de faire allusion, parce qu'elle nous fournit un
exemple frappant du développement que peut prendre une légende ;
et celle dont il s'agit n'est même pas répudiée à cette heure par
tout le monde, bien que rejetée par tous les auteurs sérieux. Ceux
qui ont visité les cryptes de Saint-Pierre se rappelleront sans doute
qu'on leur a montré une grande dalle de porphyre, et tout à côté
une ancienne inscription qui relate que c'est sur cette dalle de porphyre que la division des ossements des Apôtres eut lieu par les
soins de S. Sylvestre. Cette dalle est la *mensa* de l'ancien autel *De
ossibus*. L'histoire à laquelle fait allusion l'inscription a paru, en
premier lieu, si nous ne nous trompons pas, dans un ouvrage de

---

1. De Rossi, *Inscr. chr.,* II.

2. Notes jointes au plan. Egalement dans un manuscrit des archives de Saint-Pierre,
cap. VII ; *cf.* Severano, *Sette chiese,* p. 110.

Johannes Beleth, publié en 1162, sous le titre de *Divinorum Officiorum, ac corumdem rationum brevis explicatio*. Il traite de la fête de « la Division des Apôtres » qui tombe, dans les anciens martyrologes et calendriers, le 15 juillet, et qui est encore célébrée ce jour-là dans bien des endroits. Il commence par établir, très correctement, que cette fête rappelle la séparation des Apôtres lorsqu'ils quittèrent Jérusalem pour aller prêcher l'Évangile dans toutes les parties du monde, mais il en vient ensuite à dire que quelques-uns pensent que cette fête se rapporte à la division de S. Pierre et S. Paul dont il a déjà parlé ailleurs. En continuant nous trouvons l'histoire suivante [1] : « Les corps de ces deux Apôtres furent mis au même endroit et dans la même tombe. Mais lorsque, après la conversion de l'empereur romain, le christianisme commença à se répandre et à se développer, une église séparée fut construite en l'honneur de chaque apôtre. Il fut donc nécessaire de séparer les corps, mais personne ne put dire quels étaient les ossements de S. Pierre et quels étaient ceux de S. Paul. Ils se mirent donc à jeûner et à prier et ils obtinrent une réponse du ciel, à savoir que les os les plus grands appartenaient au Prêcheur et les plus petits au Pêcheur. Conformément à cette réponse, ils furent séparés l'un de l'autre et placés dans leurs églises respectives. » Durantus, qui écrivait dans le siècle suivant, pousse l'histoire un peu plus loin. Il commence par en faire la première et authentique raison de la fête, et il ajoute à la fin que, d'après quelques-uns, cette fête rappellerait la séparation à Jérusalem. Il raconte d'ailleurs l'histoire exactement comme Beleth, mais avec ce détail de plus, que S. Sylvestre n'emporta pas les deux corps intacts dans sa propre église mais qu' « il pesa les ossements avec le plus grand soin et le plus grand respect, et plaça une moitié dans une église et l'autre moitié dans l'autre église. » La popularité de Durantus était très grande, et l'histoire telle qu'il la raconte fut acceptée sans contestation à Rome dans les XIVᵉ et XVᵉ siècles, de telle sorte que nous la voyons mentionnée non seulement dans l'inscription concernant l'ancien autel *De Ossibus* dont nous avons déjà parlé, mais qu'elle le fut aussi dans une autre inscription que Torrigio nous dit avoir vue de son temps sur l'autel de Saint-Paul. « Sous cet autel reposent les corps glorieux des apôtres Pierre et Paul, c'est-à-dire la moitié de chacun d'eux, l'autre moitié étant à Saint-Pierre, et les têtes à Saint-Jean de Latran. »

On n'a pas souvent l'occasion de retrouver aussi facilement et

1 Edition publiée à Venise, 1577, p. 366.

aussi clairement les sources qui ont donné naissance à une légende. Toute cette histoire fantastique est basée sur quatre faits que nous avons déjà cités, mais dont chacun a été dénaturé parce qu'il a été mal compris. Il était de notoriété publique que les deux apôtres S. Pierre et S. Paul avaient partagé pendant un certain temps le même sépulcre et qu'ensuite leurs restes avaient été transportés à leurs églises respectives ou plutôt aux tombes autour desquelles ces églises devaient être construites. Vint ensuite la tradition, probablement parfaitement vraie et bien fondée, que les reliques des deux Apôtres avaient été unies et étaient conservées dans chacune des deux grandes églises, et enfin que l'autel *De ossibus Apostolorum* de Saint-Pierre était de quelque manière lié à ce fait. Ajoutons à cela l'existence d'une fête en l'honneur de la division des Apôtres, un titre si facile à mal interpréter, et nous aurons tous les éléments nécessaires pour créer notre légende. Les détails miraculeux de la voix du ciel, et le reste, tout cela sort de la pieuse imagination de quelque écrivain du moyen âge et ressemble à tant d'autres histoires du même genre que connaissent bien ceux qui sont familiarisés avec les vies apocryphes des Saints, ou même avec les Évangiles apocryphes. Il est pourtant étrange que les ossements les plus grands aient été attribués à S. Paul et les plus petits à S. Pierre, car d'après la tradition, c'est l'inverse et l'on admet généralement que S. Paul était de petite taille et que S. Pierre était plus grand que lui.

Nous devons arrêter ici nos investigations jusqu'à ce que de nouvelles données nous soient fournies par de nouvelles fouilles. L'auteur ne peut guère espérer qu'il n'a pas commis des erreurs ou fait des confusions, alors qu'il a travaillé comme un pionnier dans un champ aussi vaste et sans être aidé par les conclusions de ceux qui l'ont parcouru avant lui. Parfois aussi il peut avoir négligé de tirer une conclusion qui découlait naturellement de ses prémices et que d'autres auront immédiatement aperçue. Ceux-là en jugeront qui sont plus experts que l'auteur en ces matières. Pour lui il s'estimera amplement récompensé s'il a réussi à appeler l'attention sur quelques points de l'histoire de la basilique qui ont été négligés jusqu'à ce jour et s'il a quelque peu contribué à établir cette vérité historique et indiscutable à savoir que le Prince des Apôtres a vécu et est mort à Rome et qu'il repose sous le dôme de la plus grande église que le christianisme ait jamais connue.

FIN

TABLE DES MATIÈRES.

Imprimé par Desclée, De Brouwer et Cie. LILLE-PARIS-BRUGES. — 4800.

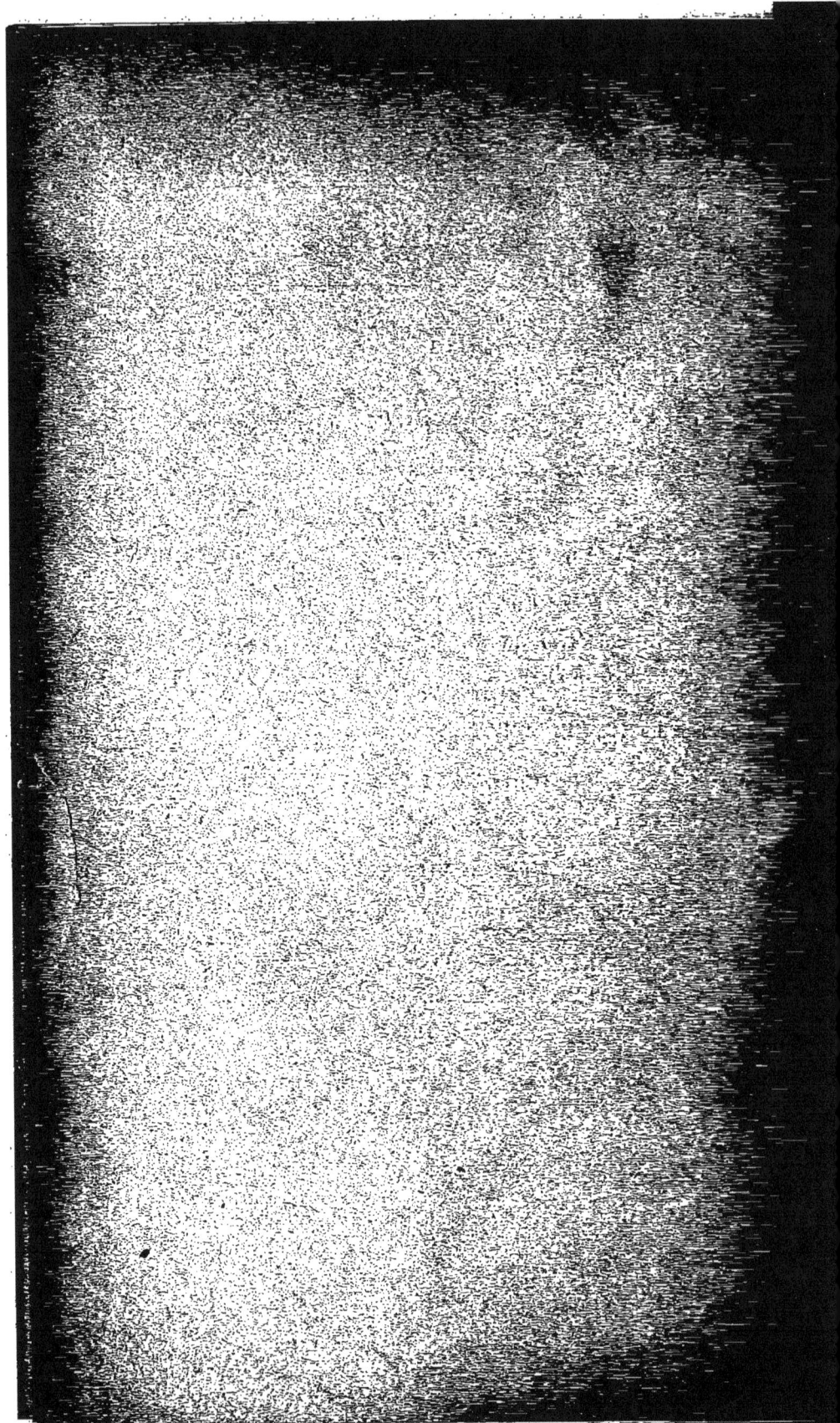

DESCLÉE, DE BROUWER ET Cie, LIBRAIRES-ÉDITEURS.

LILLE-PARIS-BRUGES-ROME.

Éléments d'Archéologie Chrétienne, par Horace MARUCCHI, 3 volumes in-8°, illustrés.
  TOME I. — Notions générales, XXXVI-400 pp., 94 grav. — fr. 6-00
  TOME II. — Les catacombes romaines, VIII-592 pp., 140 grav. fr. 8-00
  TOME III. — Les basiliques et les autres églises archéologiques de Rome, XL-530 pp., 144 grav. fr. 8-00

Le Forum Romain et le Palatin, d'après les dernières découvertes, par Horace MARUCCHI, In-8°, de 400 pp., illustré de 8 plans et 91 gravures. fr. 6-00

La Destruction de Rome Antique, par LANCIANI, Traduit de l'anglais et annoté par Dom L'HUILLIER, O. B. In-8° de 196 pp., enrichi d'une esquisse topographique de Rome pour l'époque impériale et le moyen âge. fr. 3-50

Les Cryptes Vaticanes, par l'abbé DUFRESNE, prêtre de St-Sulpice. In-8° de 128 pp., illustré de 22 gravures. fr. 2-00

Les Catacombes de Rome. Guide du pèlerin au Cimetière de St-Calixte, par le chan. A. PILLET, professeur aux Facultés catholiques de Lille. In-12 de 148 pp., illustré de 27 grav. dans le texte. fr. 1-50
  Relié en percaline, plaque or et noir. fr. 2-25

Guide de Rome, revu et corrigé par le R. P. BONAVENIA, S.-J., membre de la Commission d'archéologie sacrée et professeur d'archéologie à l'Université grégorienne. In-16 de XXIV-292 pp., avec plan général de Rome et 12 plans partiels.
  Cart. fr. 1-50
  Perc. rouge souple. fr. 2-00

Manuel d'Archéologie Chrétienne, par Horace MARUCCHI. Résumé des éléments d'archéologie chrétienne du même auteur.
  1ere Partie. Histoire des persécutions.
  2e — Épigraphie chrétienne (les inscriptions chrétiennes).
  3e — Art chrétien primitif.
  4e — Les Catacombes.
  5e — Les Basiliques.
  In-8° de 348 pp., orné de 180 gravures et de deux plans. fr. 4-00

Rome, ses monuments, ses souvenirs. Rome chrétienne, Rome païenne, Rome souterraine, Rome artistique, par l'Abbé BOULFROY, auteur de *Jérusalem, ses gloires, ses malheurs*. Gr. In-4° de 304 pp., illustré de 95 gravures. fr. 3-35

En vente, à Rome, à la Librairie Internationale, Desclée et Cie,
Palazzo Doria, Piazza Grazioli.